KB264024

처음 만드는 바느질 소품

처음 만드는 바느질 소품

1판 1쇄 인쇄 2011년 4월 27일

1판 1쇄 발행 2011년 5월 3일

작품 제작_사카이 미나코 등

옮긴이_김현영

펴낸이_정원정, 김자영

편집_홍현숙

디자인_안혜현

펴낸곳_즐거운상상

주소_서울시 용산구 문배동 11-14 이안1차 101동 오피스텔 202호

전화_02-706-9452 | 팩스_02-706-9458 | 전자우편_happywitches@naver.com

출판등록_2001년 5월 7일

인쇄_백산하이테크

ISBN 978-89-92109-74-1

ISBN 978-89-92109-69-7(세트)

* 이 책의 모든 글과 그림, 사진, 디자인을 무단으로 복사, 복제, 전재하는 것은 저작권법에 위배됩니다.

* 책값은 뒤표지에 있습니다.

즐거운상상

소소한 즐거움이 있는 핸드메이드

처음 만드는 바느질 소품

my first mini sewing projects

A to Z

즐거운상상

Prologue

처음 바느질 소품을 만드는 이들을 위한 책입니다.

쉬운 설명과 풍부한 사진, 친절한 일러스트로 구성되어 있어

누구라도 쉽게 따라할 수 있습니다.

마음에 드는 천이나 자투리 천으로 예쁜 바느질 소품을 만들어 보세요.

가방, 파우치, 티슈 케이스, 런치 타임 세트, 테이블 소품, 슬리퍼,

헤어 슈슈 등으로 멋지게 변신합니다.

만들기 쉽고 크기가 작아서 한나절이면 충분히 만들 수 있어요.

쓸 때마다 기분이 좋아지는 나만의 소품을 만들어 보세요.

c.o.n.t.e.n.t.s

손잡이가 넓은
작은 가방 _ 10

여밈 단추를 단
납작 가방 _ 12

스트라이프 크로스백 _ 14

주머니가 달린
납작 가방 _ 16

주름이 있는 그래니 백 _ 18

레이스 장식 주름 가방 _ 21

내추럴 토트백 _ 24

직사각형 모양
하프 숄더백 _ 27

동글동글 귀여운
양면 가방 _ 30

물방울 무늬
원 스트랩 백 _ 32

손잡이가 있는
수납 바구니 _ 34

센스 만점 보자기 가방 _ 36

네모 반듯 납작 파우치 _ 38

레이스 장식 파우치 _ 40

잔주름이 멋스러운
파우치 _ 42

물림쇠를 단 파우치 _ 44

보스턴백 스타일
작은 파우치 _ 46

에펠탑 장식
납작 파우치 _ 48

뚜껑 달린 블랙 파우치 _ 50

접이식 심플 파우치 _ 52

깜찍하고 귀여운
잔주름 파우치 _ 54

귀여운 꽃 장식
동전 지갑 _ 56

요요 장식
포인트 주머니 _ 58

바닥이 둥근
깜찍한 주머니 _ 60

가방 안에 쏘옥
케이스 세트 _ 62

깔끔하고 실용적인
위생용품 파우치 _ 66

러블리 티슈 케이스 _ 68

심플 필통 _ 70

심플 북커버 _ 72

런치 타임 세트 ① _ 74

런치 타임 세트 ② _ 77

내추럴 주방 소품 세트 _ 80

티테이블 세팅 소품 _ 82

심플 앞치마 & 냄비 받침 &
키친 크로스 _ 85

미니 패브릭 바구니 _ 88

휴대용 티슈 케이스 _ 90

헤어 슈슈 _ 92

베이직 스카프 _ 94

레이스와 단추 장식
코르사주 _ 96

큰 꽃 장식
덧신과 슬리퍼 _ 98

바느질을 시작하기 전에 꼭 읽어보세요.
마름질 기호와 마름질하기를 보는 방법 및 바느질의 기본 요령을 익힐 수 있습니다.

마름질 기호

완성선	안내선	접어서 마름질하라는 골선	앞으로 접을 선	단추
———————	— — — — —	— — — —	— — — — — —	◯

천의 결(화살표 방향으로 직물의 세로 방향을 맞춘다)		등분선(치수가 같다는 표시)	주름 접는 방법을 표시	
⟵———⟶	⋯⋯⟶	⌒⌒	b ▨ a ➡ b a	

마름질하기 보는 방법과 마름질하는 방법

이 책의 〈마름질하기〉와 〈본〉에는 시접이 포함되어 있지 않아요. 시접 치수는 각 재료 아랫부분의 설명을 참고하세요. 지시대로 시접을 두고 천을 자르세요.

예)

◆ 〈마름질하기〉에는 시접이 포함되어 있지 않아요. ● 안의 치수만큼 시접을 두고 마름질하세요.

◆ 〈마름질하기〉에는 시접이 포함되어 있지 않아요. 사방 1cm씩 시접을 두고 마름질하세요.

마름질하기

천을 자르는 방법

재봉틀을 사용할 때의 요령

▶시작과 끝

시작과 끝은 되돌아 박기를 하세요. 되돌아 박기를 할 때는 한 번 박은 땀 위에 2~3회 겹쳐 박아요.

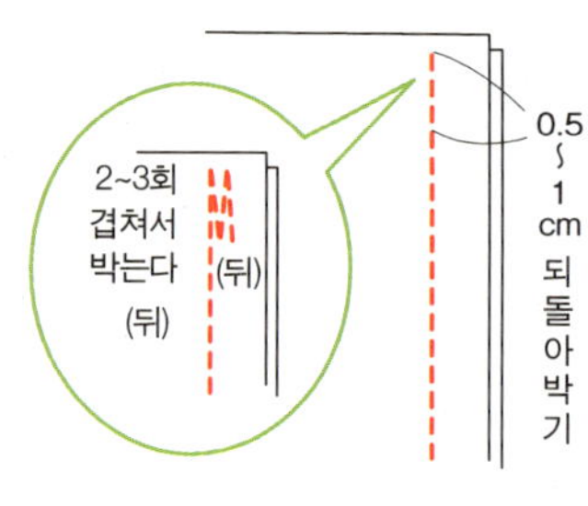

▶모서리를 박는 방법

모서리의 1 땀을 건너뛰고 박으면 바깥쪽으로 뒤집었을 때 모양이 예뻐요.

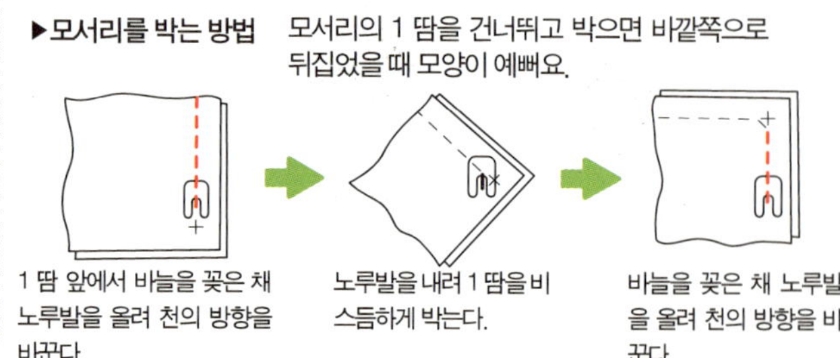

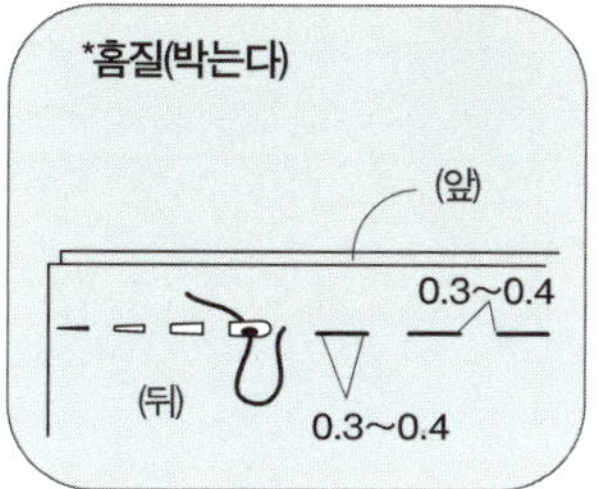

*홈질(박는다)
(앞)
0.3~0.4
(뒤)
0.3~0.4

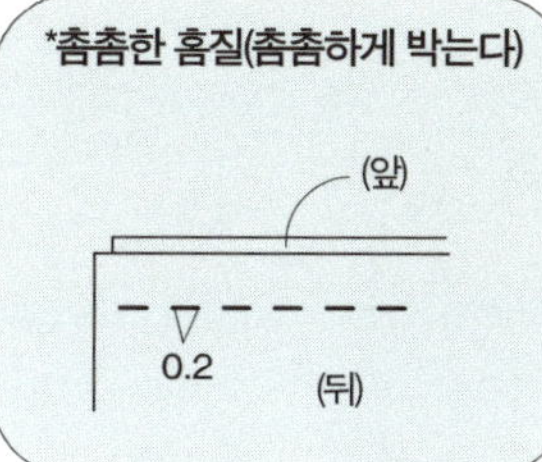

*촘촘한 홈질(촘촘하게 박는다)
(앞)
0.2
(뒤)

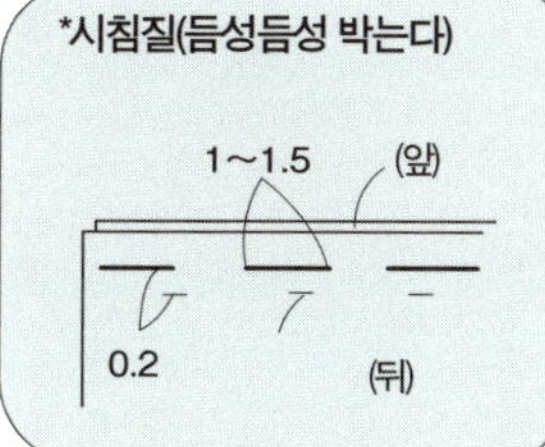

*시침질(듬성듬성 박는다)
1~1.5
(앞)
0.2
(뒤)

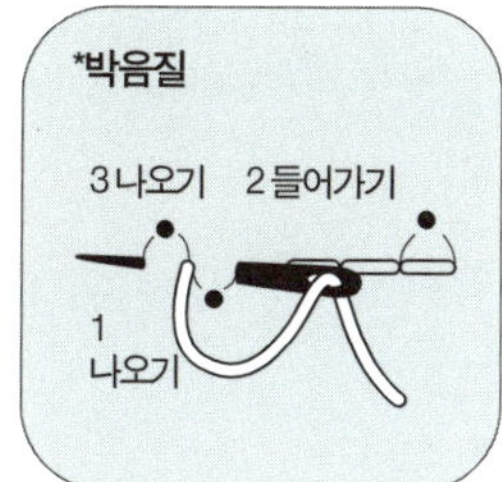

*박음질
3 나오기
2 들어가기
1 나오기

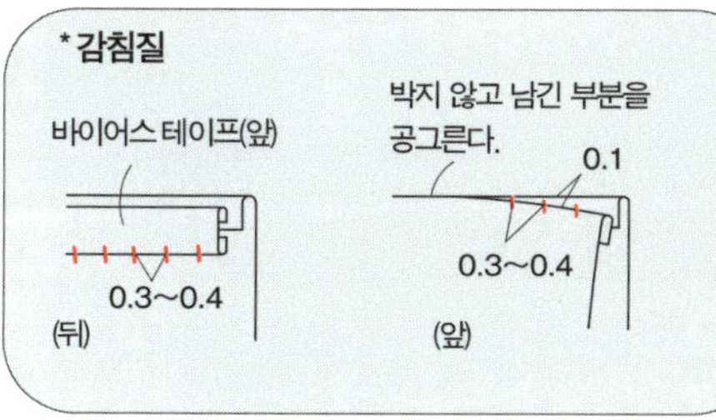

*감침질
바이어스 테이프(앞)
0.3~0.4
(뒤)
박지 않고 남긴 부분을 공그른다.
0.1
0.3~0.4
(앞)

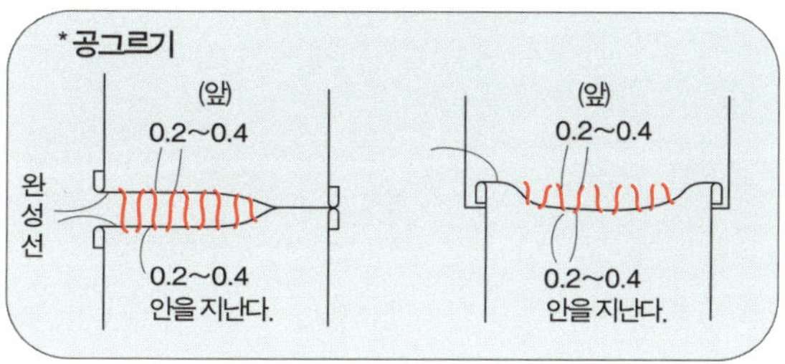

*공그르기
완성선
(앞)
0.2~0.4
0.2~0.4
안을 지난다.
(앞)
0.2~0.4
0.2~0.4
안을 지난다.

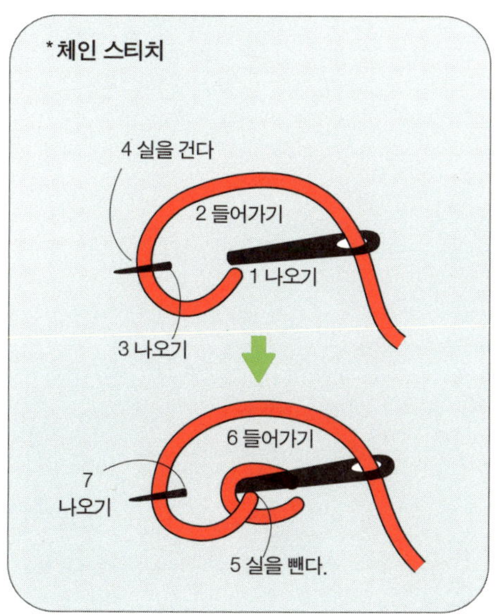

*체인 스티치
4 실을 건다
2 들어가기
1 나오기
3 나오기
6 들어가기
7 나오기
5 실을 뺀다.

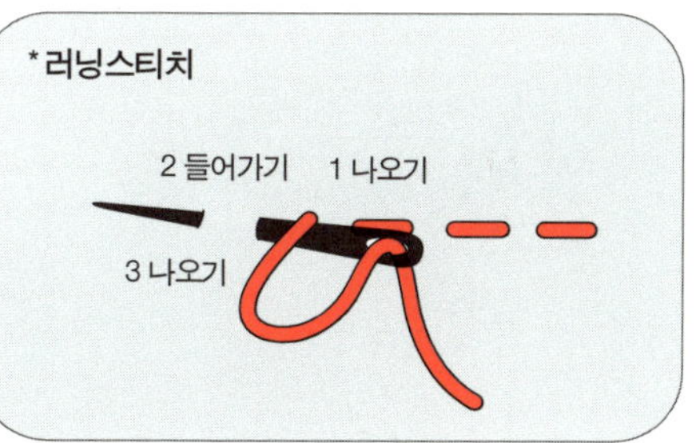

*러닝스티치
2 들어가기
1 나오기
3 나오기

지갑이나 휴대전화를 넣으면 딱 좋은 크기의 납작한 모양의 가방입니다.
아담한 크기에 귀퉁이를 둥글게 처리했어요. 어울리는 안감을 골라 보세요.
넓은 손잡이가 독특하지요?

만든 이 : 사카이 미나코

▶▶ **재료(1개분)**
- 겉감 70×30㎝(작품 1은 면 · 줄무늬,
  작품 2 · 작품 3은 마 · 민무늬)
- 안감 50×25㎝ (작품 2는 면 · 민무늬,
  작품 2 · 작품 3은 면 · 무늬)
◆〈마름질하기〉에는 시접이 포함되어
  있지 않아요. 사방 1㎝씩 시접을 두고
  마름질하세요.

본체(겉감 · 안감 각 2장)

손잡이를 달 자리

2　0.5　2

21

2

21

손잡이(겉감 2장)

접음선

25

5

0.5

10

겉감

안감

1 손잡이를 만든다.

① 반으로 접는다.

손잡이(뒤)

② 박는다.

① 바깥쪽으로 뒤집는다.

0.5

② 박는다.

2 겉감 본체, 안감 본체를 박는다.

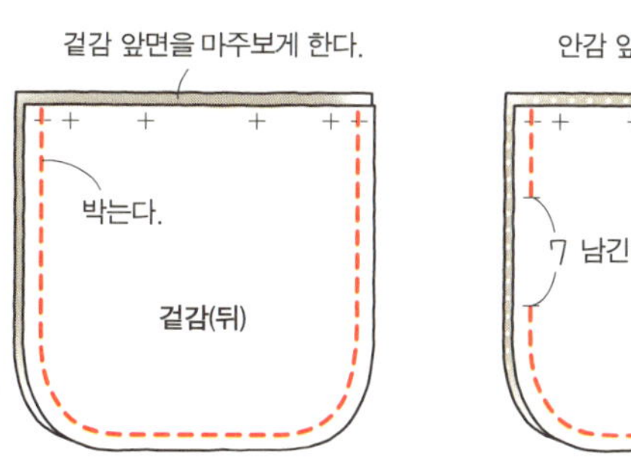

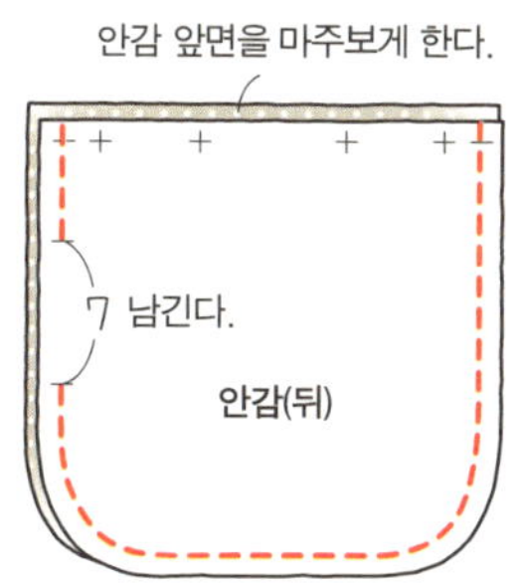

3 겉감 본체와 안감 본체를 봉합한다.

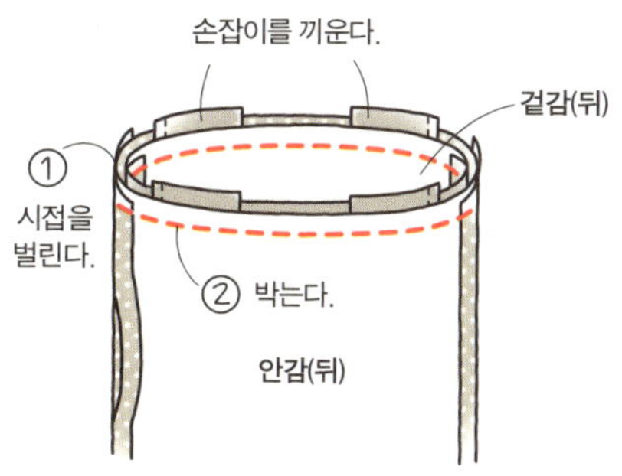

4 천을 뒤집고 창구멍을 공그른다.

작품 2

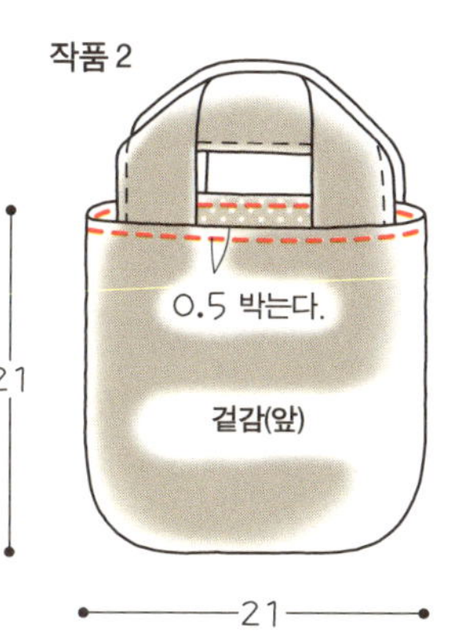

작품 1

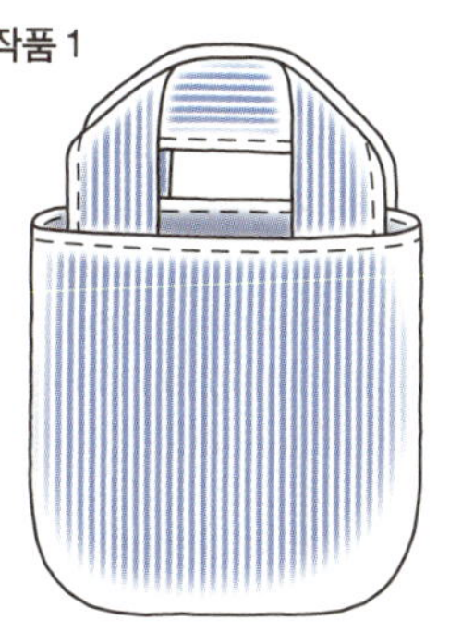

작품 3

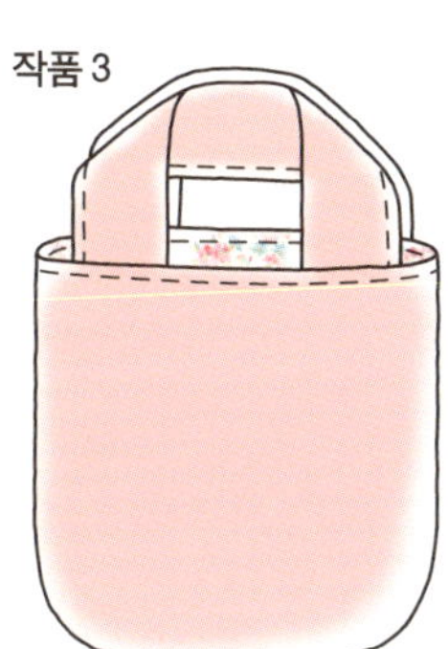

여밈 단추를 단 납작 가방

한 줄짜리 손잡이를 양옆으로 단 가방이에요.
겉감과 같은 천으로 고리를 만들어서 단추에 걸 수 있도록 만들어 보세요.

만든 이 : 사카이 미나코

마름질하기

본체(겉감 · 안감 각 1장)

손잡이(겉감 1장)

천 고리(겉감 1장)

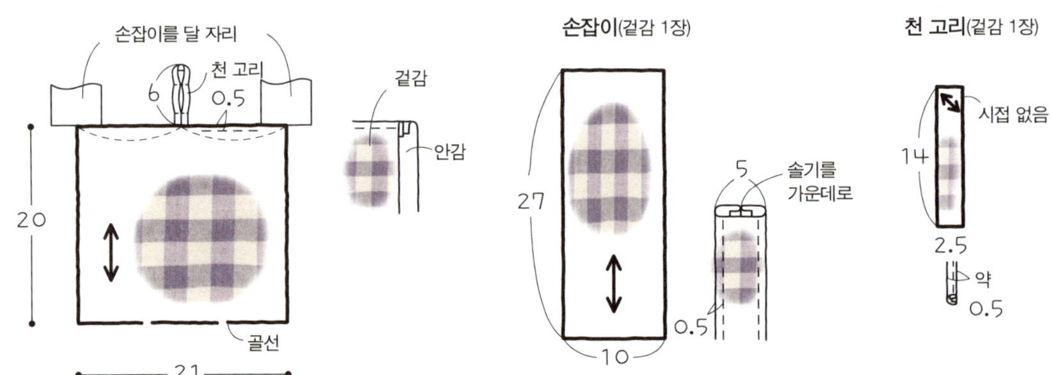

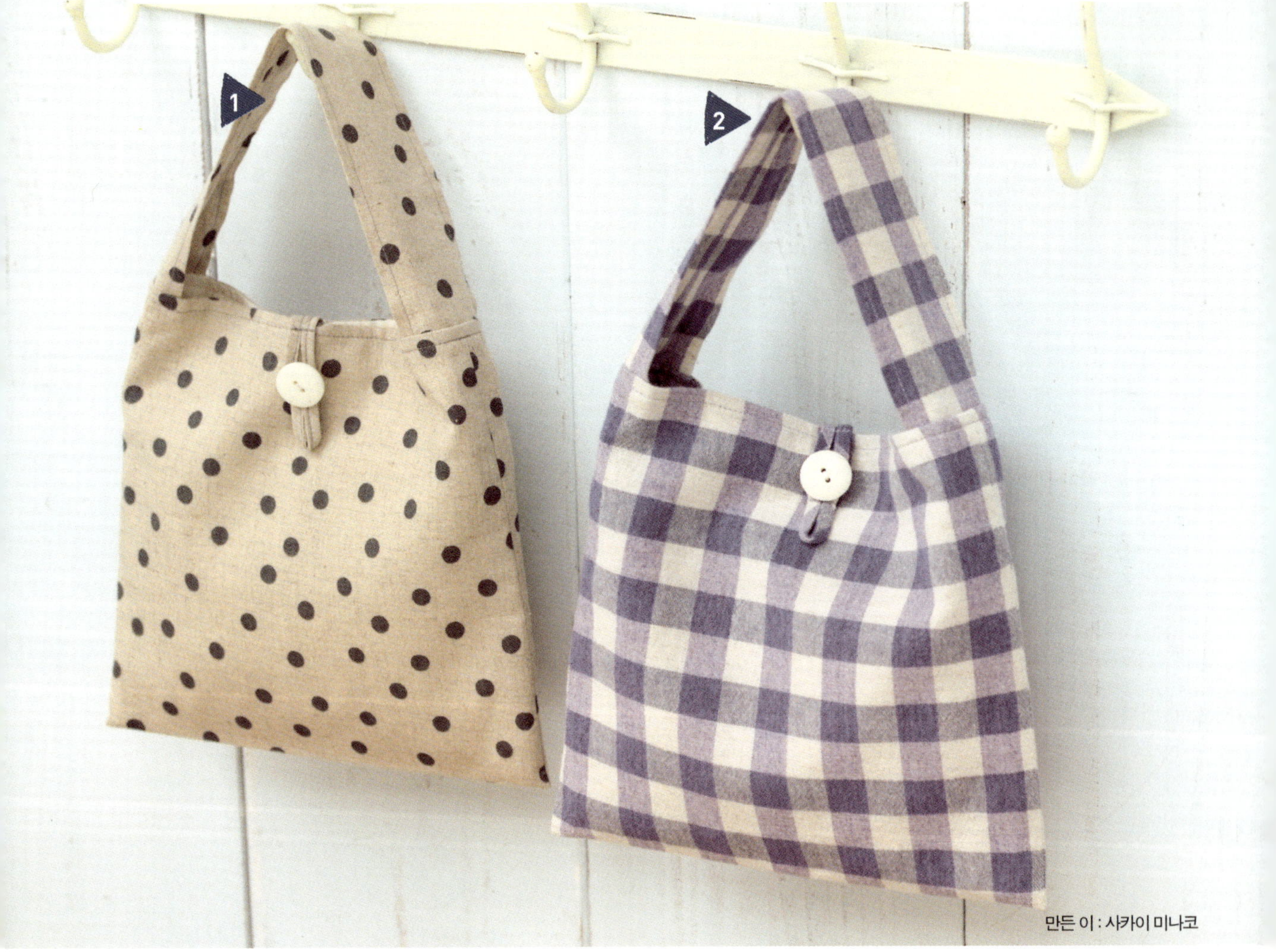

▶▶ 재료(1개분)

- 겉감(면 · 무늬) 35×45㎝
- 안감(면 · 민무늬) 25×45㎝
- 단추(지름 20㎜) 1개

• 〈마름질하기〉에는 시접이 포함되어 있지 않아요. 천 고리 외에는 사방 1㎝ 씩 시접을 두고 마름질하세요.

만드는 방법

1 손잡이를 만든다.

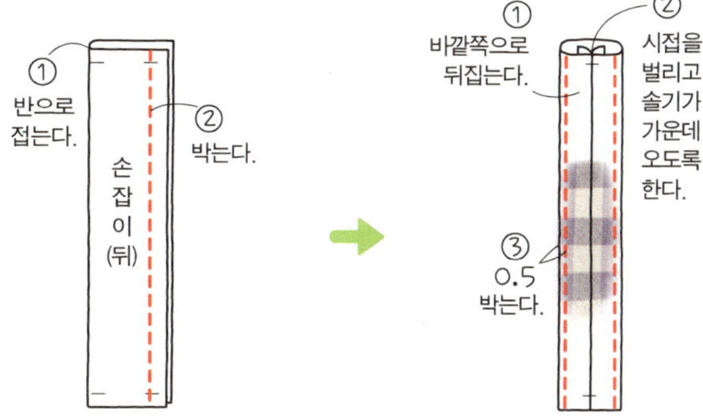

2 천 고리를 만든다.

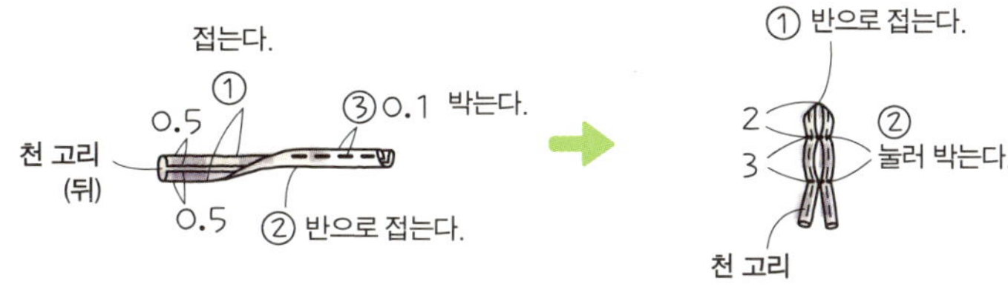

3 겉감 본체, 안감 본체를 만든다.

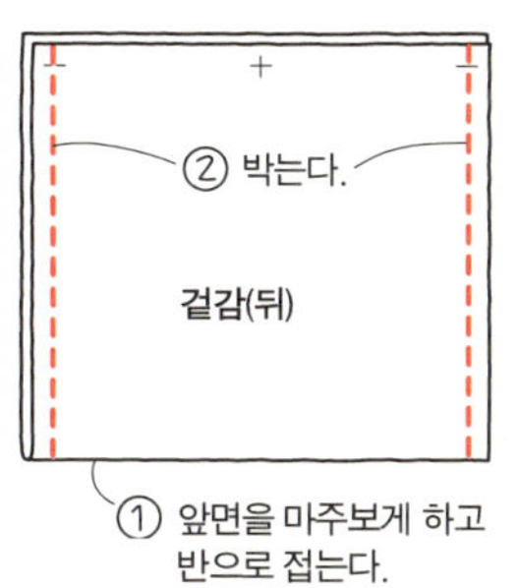

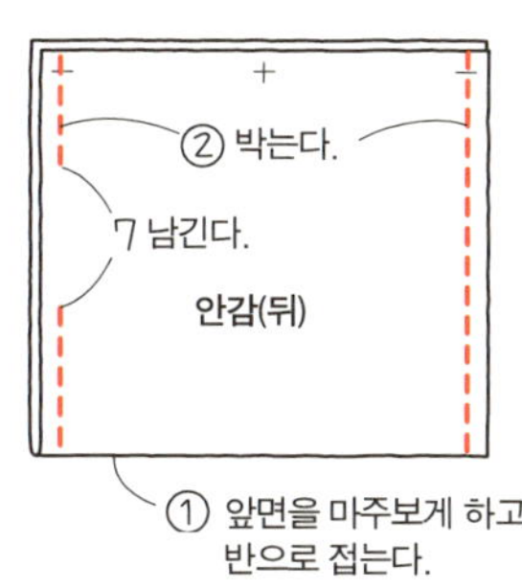

4 겉감 본체와 안감 본체를 봉합한다.

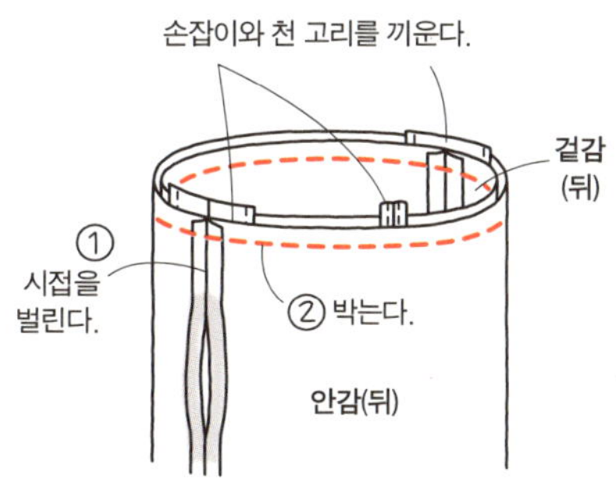

5 창구멍으로 천을 뒤집어 뺀다.

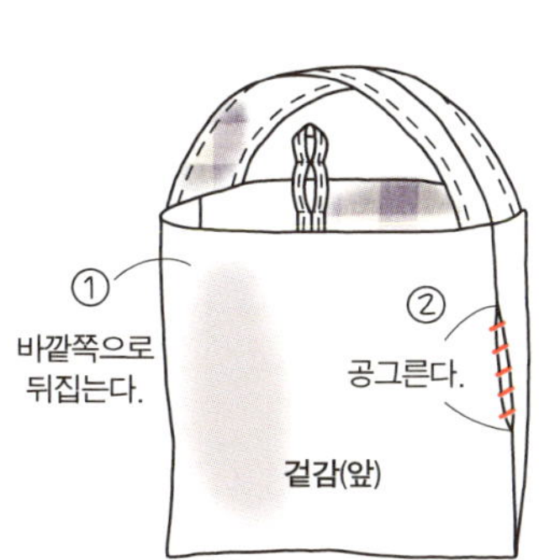

완성

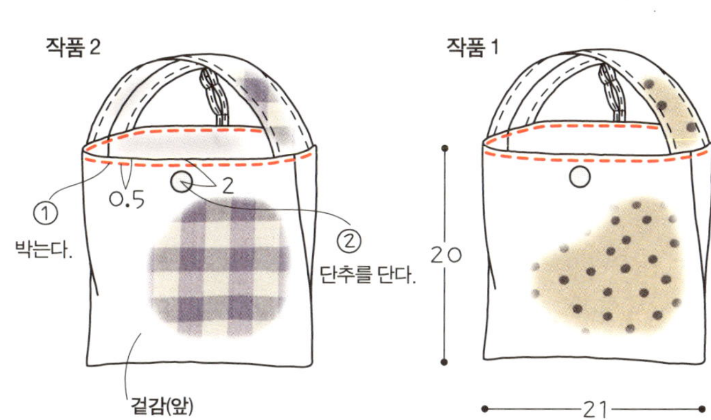

긴 어깨 끈이 달린 작은 크로스백이에요.
감색 자수실을 사용하여 체인스티치로 십자 무늬를 넣어 장식했어요.

만든 이 : 사카이 미나코

▶▶ 재료

- 겉감(면 · 줄무늬) 110×30㎝
- 안감(돛천 · 민무늬) 50×20㎝
- 감색 자수실

• 〈마름질하기〉에는 시접이 포함되어 있지 않아요. 사방 1㎝씩 시접을 두고 마름질하세요.

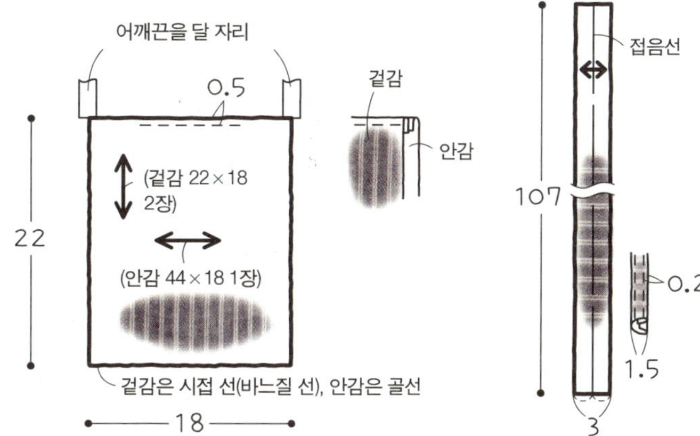

★실물 크기의 자수 도안

1 겉감 본체, 안감 본체를 만든다.

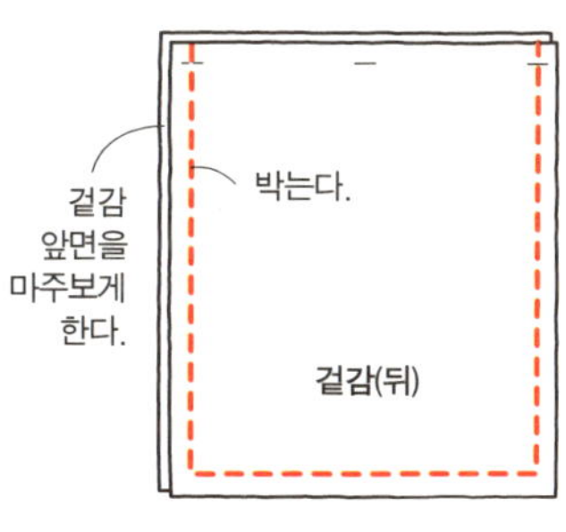

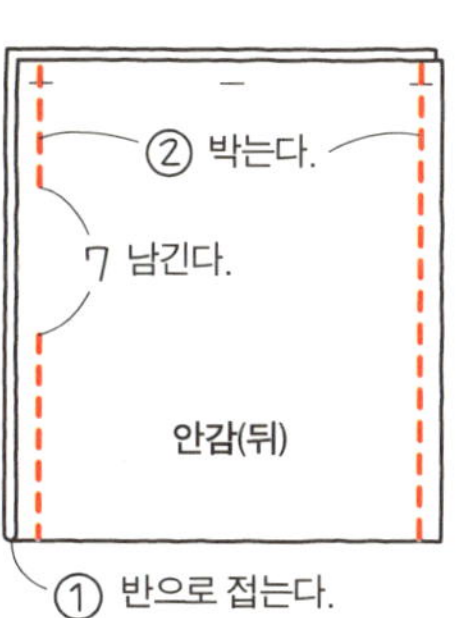

2 어깨끈을 만든다.

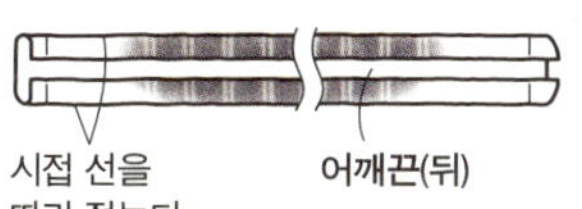

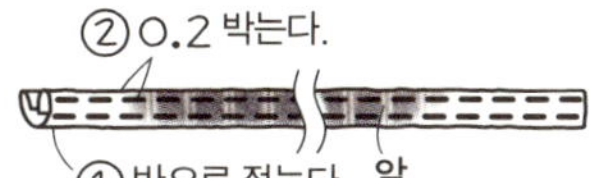

3 겉감 본체와 안감 본체를 봉합한다.

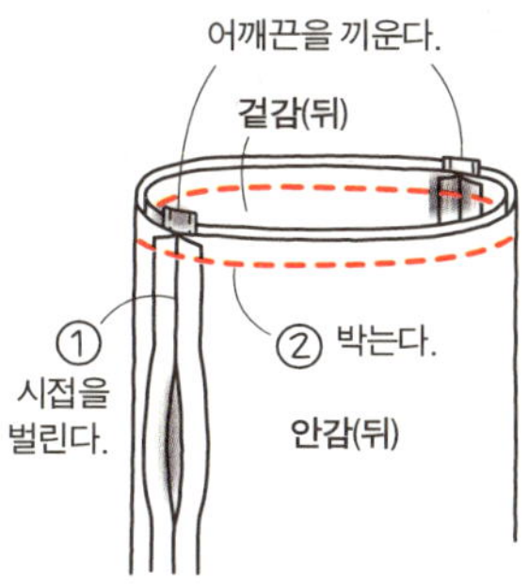

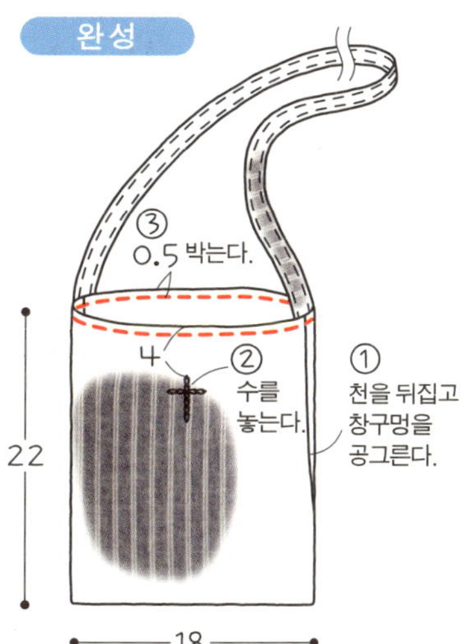

주머니가 달린 납작 가방

물방울무늬에 큼지막한 민무늬 주머니가 멋스러운 작은 가방이에요.
따로 안감을 대지 않아 쉽게 만들 수 있어요.

만든 이 : 가네마루 가호리

▶▶ 재료

- 겉감(면 · 물방울무늬) 55×45㎝
- 배합 천(마 · 민무늬) 45×20㎝
- 〈마름질하기〉에는 시접이 포함되어 있지 않아요. 주머니 입구는 2.5㎝, 그 외에는 사방 1㎝씩 시접을 두고 마름질하세요.

마름질하기

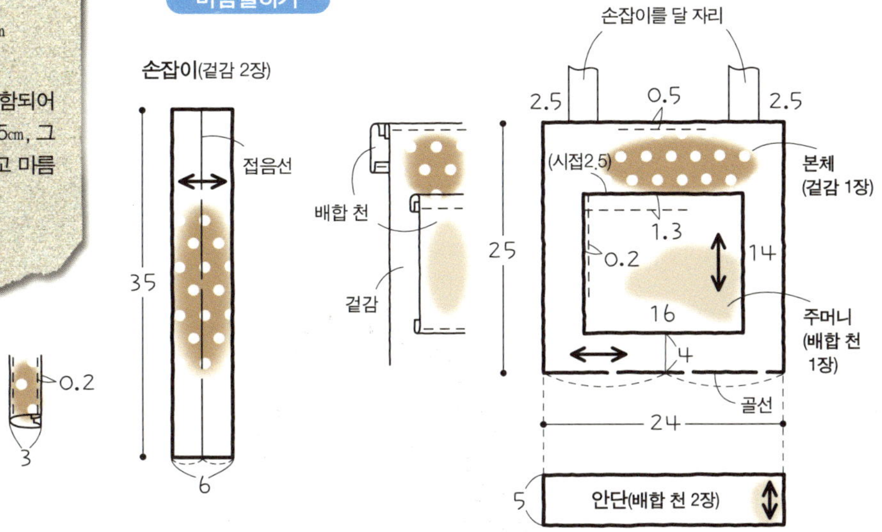

만드는 방법

1 주머니를 만들어 단다.

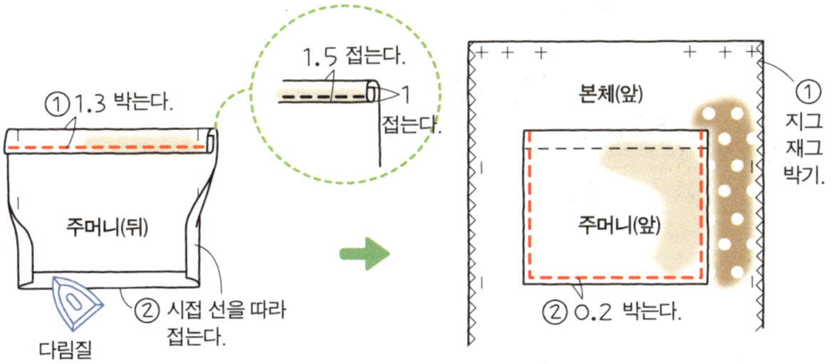

2 본체를 박는다.

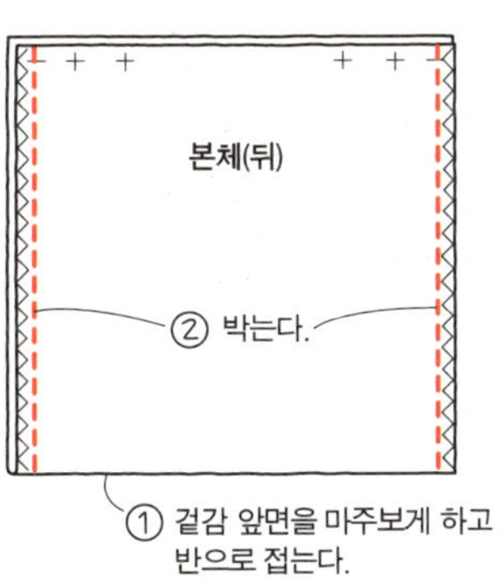

3 손잡이를 만든다.

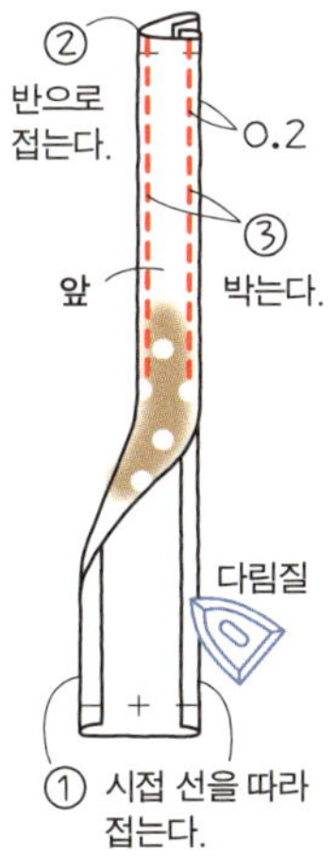

4 안단을 박는다.

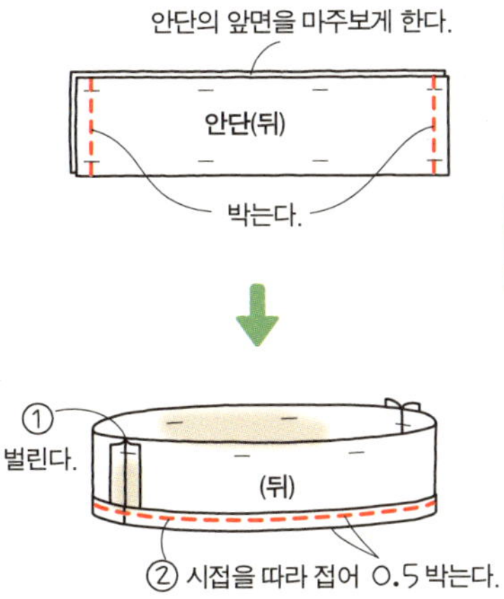

5 본체와 안단을 봉합한다.

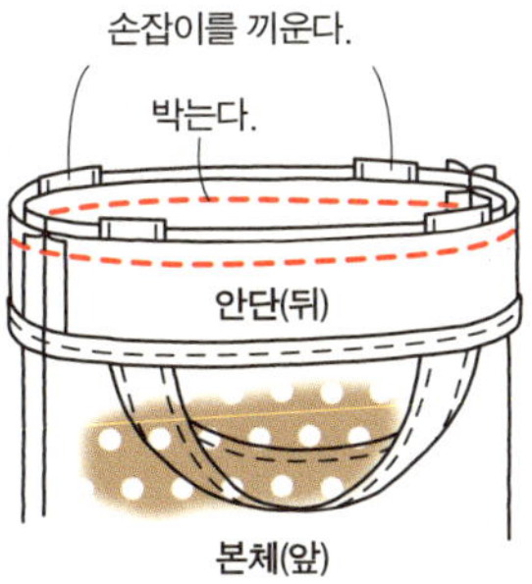

완성

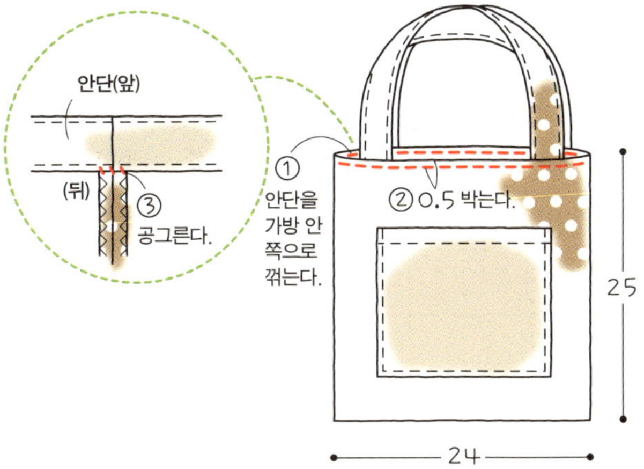

주름이 있는 그래니 백

풍성한 주름이 우아해 보이는 그래니 백(granny bag)이에요.
바이어스 아래로 큰 주름을, 바닥 쪽으로 잔주름을 잡았어요.

주름이 있는 그래니 백

풍성한 주름이 우아해 보이는 그래니 백(granny bag)이에요.
바이어스 아래로 큰 주름을, 바닥 쪽으로 잔주름을 잡았어요.

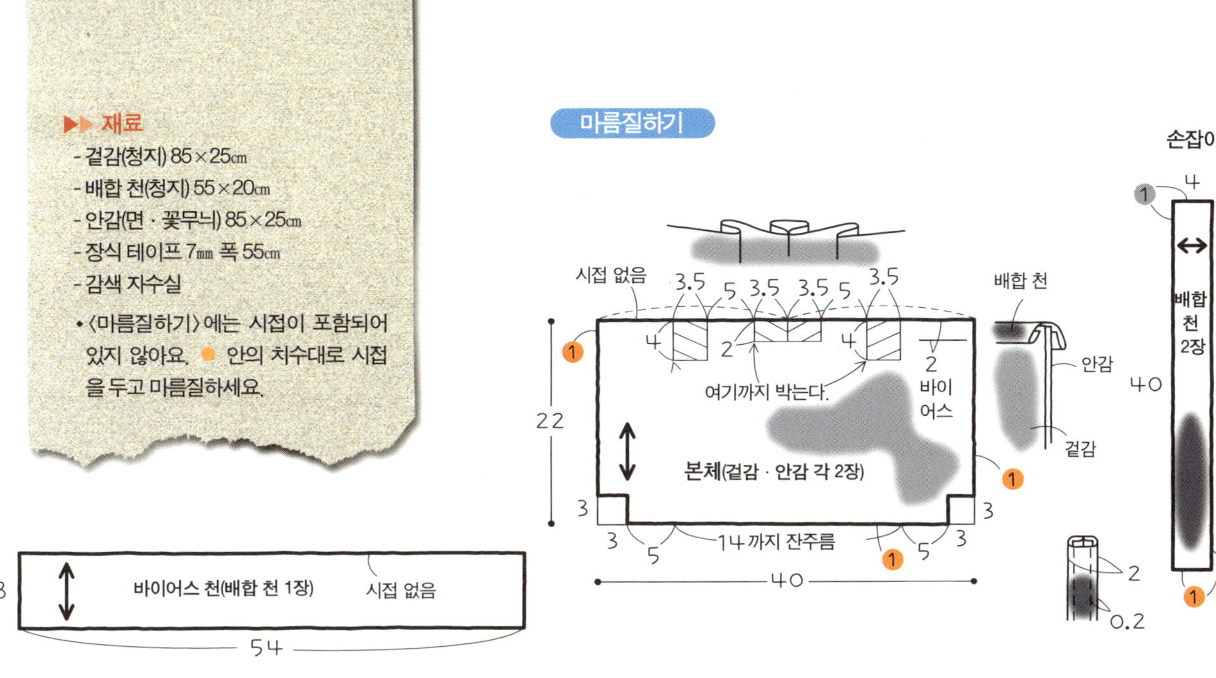

1 바닥과 옆선을 박아 바닥의 폭을 만든다. (안감도 마찬가지)

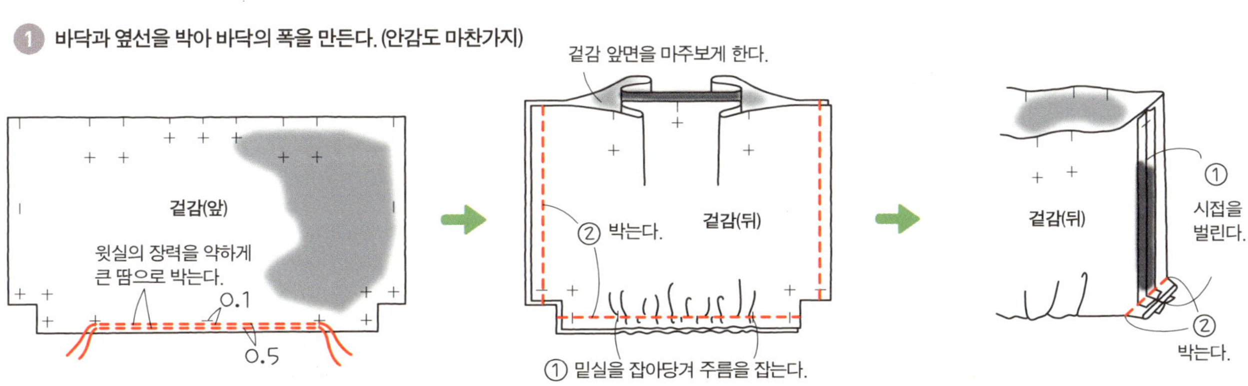

2 겉감과 안감을 같이 접어 박는다.

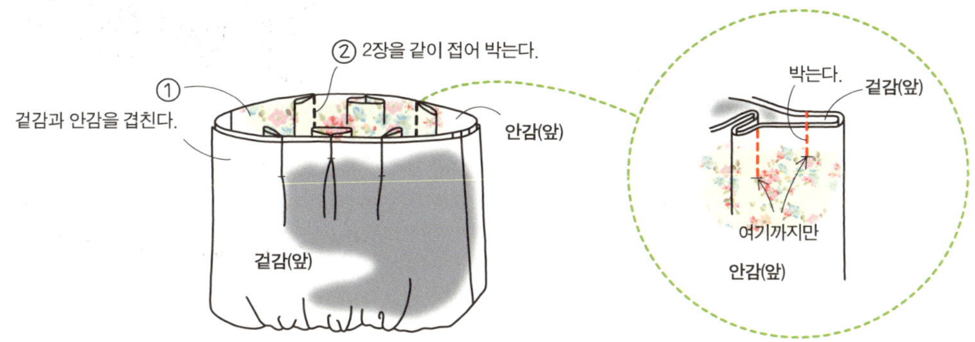

③ 입구의 가장자리를 감싼다.

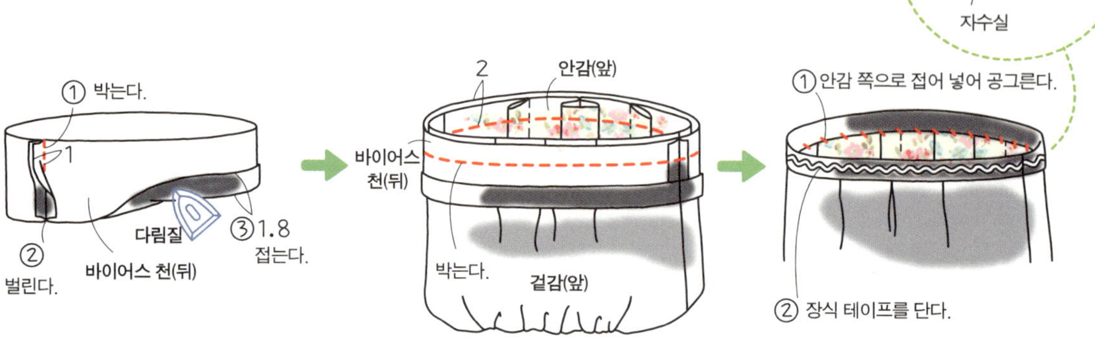

④ 손잡이를 만들어 단다.

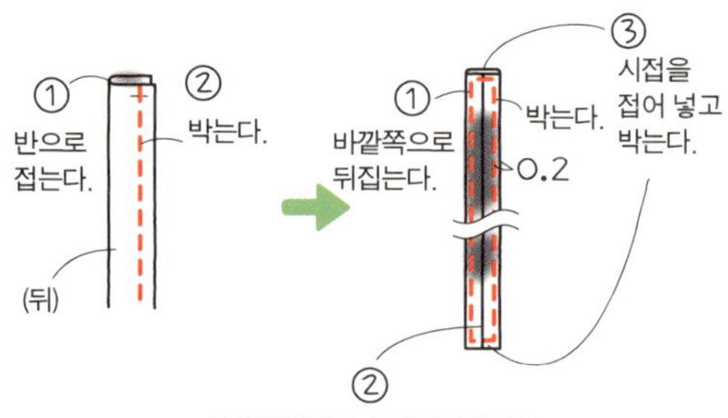

완성

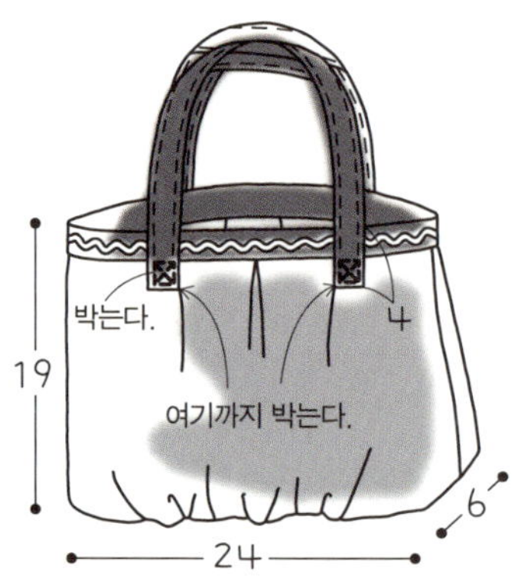

절개선 아래로 잔주름을 잡고 레이스를 달아 사랑스러운 느낌이 드는 가방이에요.
격자무늬의 더블거즈 천으로 만들어 풍성해 보입니다.

만든 이 : 가네마루 가호리

손잡이(겉감 2장)

입술감(겉감 · 접착심지 각 4장)

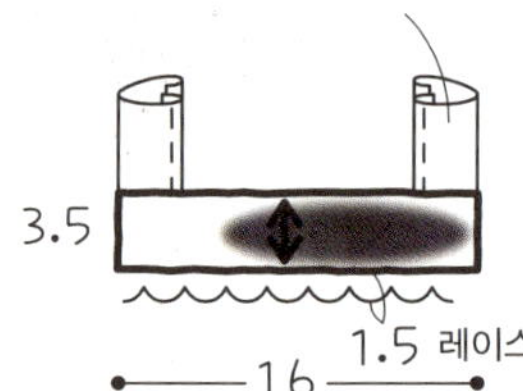

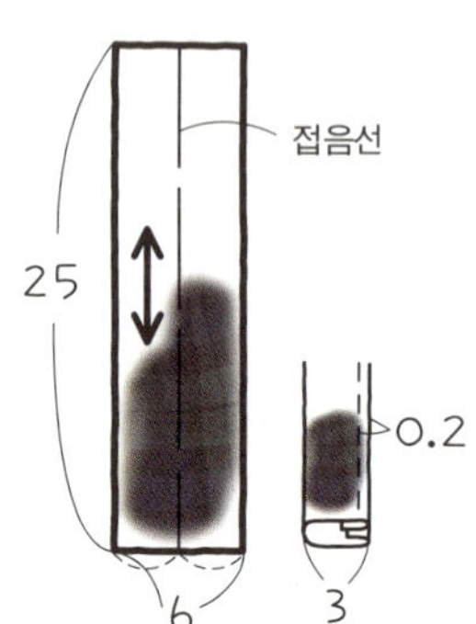

재료

- 겉감(면 더블거즈 · 격자무늬)
  60×45㎝
- 안감(면 · 물방울무늬) 25×45㎝
- 접착심지 40×15㎝
- 레이스 폭 20㎜ 길이 40㎝

• 〈마름질하기〉에는 시접이 포함되어
  있지 않아요. 사방 1㎝씩 시접을 두고
  마름질하세요.

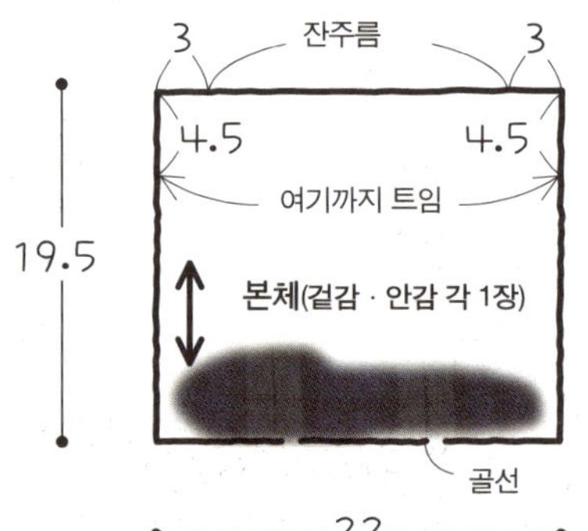

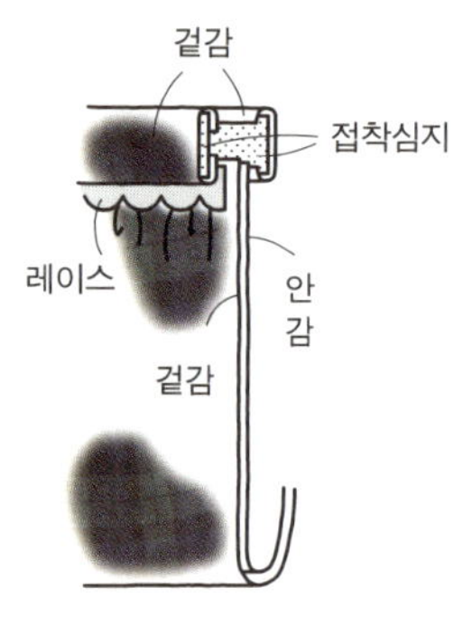

1 본체의 옆선을 박는다. (안감도 마찬가지)

2 트임 부분을 박는다.

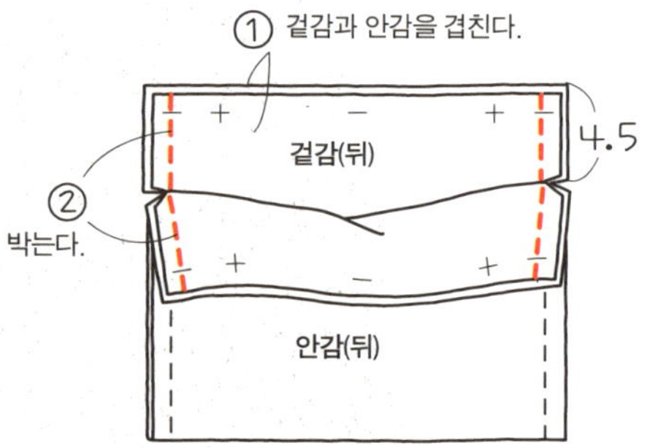

③ 잔주름을 잡고 레이스를 단다.
④ 손잡이를 만든다.
안감(앞)
① 잔주름을 잡는다.
1 접는다.
레이스
0.1
② 2장을 같이 박는다.
① 바깥쪽으로 뒤집는다.
② 박는다.
겉감(앞)
겉감(앞)
① 반으로 접는다.
② 박는다.
손잡이(뒤)
① 바깥쪽으로 뒤집는다.
② 박는다.
0.2

⑤ 입술감을 만든다.
① 접착심지를 붙인다.
손잡이를 끼운다.
(앞)
입술감(뒤)
② 시접 선까지 박는다.

⑥ 본체와 입술감을 봉합한다.
바깥쪽으로 뒤집는다.
박는다.
입술감(뒤)
비켜놓는다.
겉감(앞)

완 성

시접을 접어 넣고 공그른다.
23
22

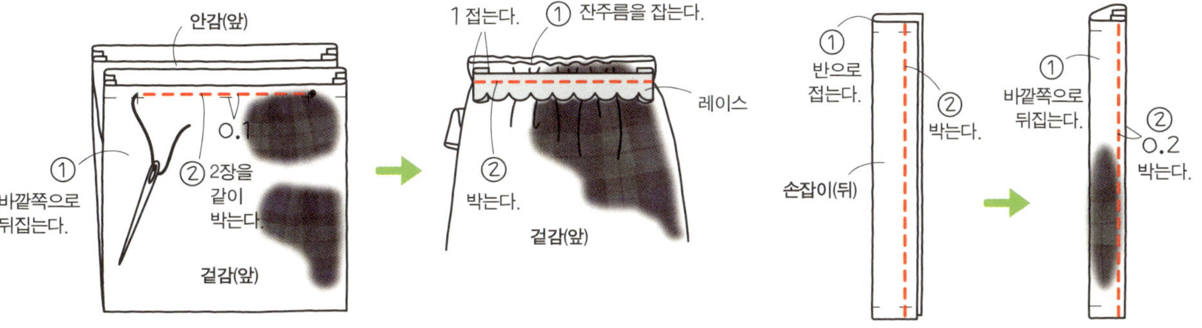

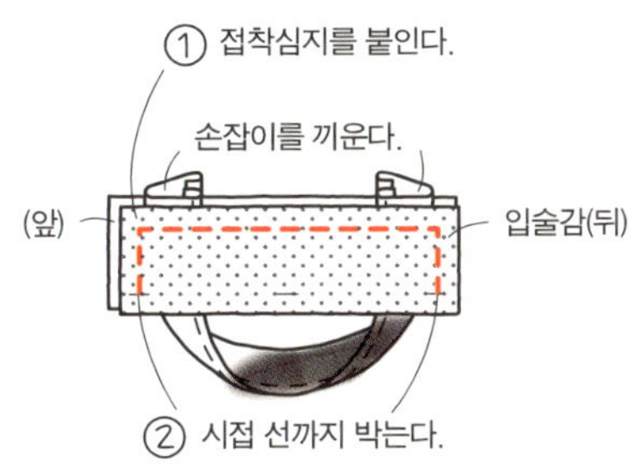

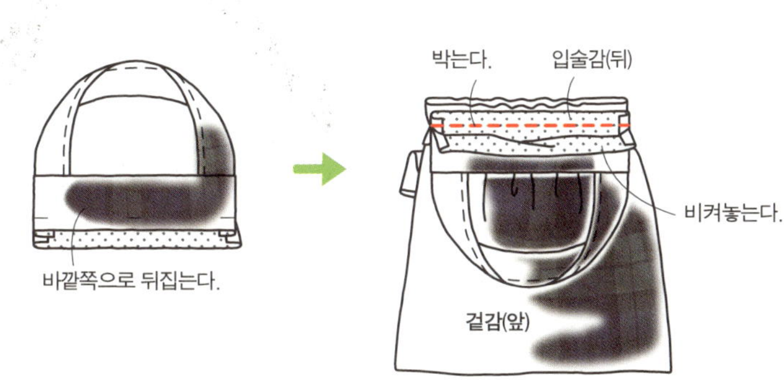

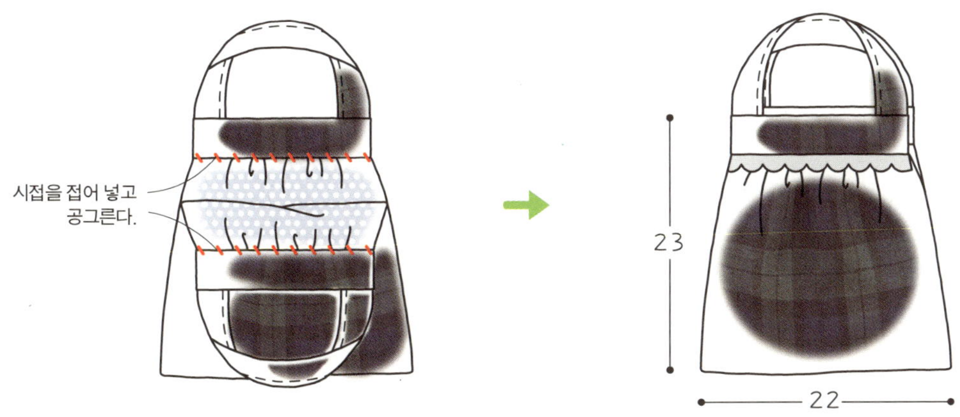

내추럴 토트백

구멍에 물방울 무늬 손잡이를 넣은 내추럴한 디자인의 토트백이에요.
들 때는 손잡이를 당겨서 사용하도록 만들었어요.

만든 이 : 가네마루 가호리

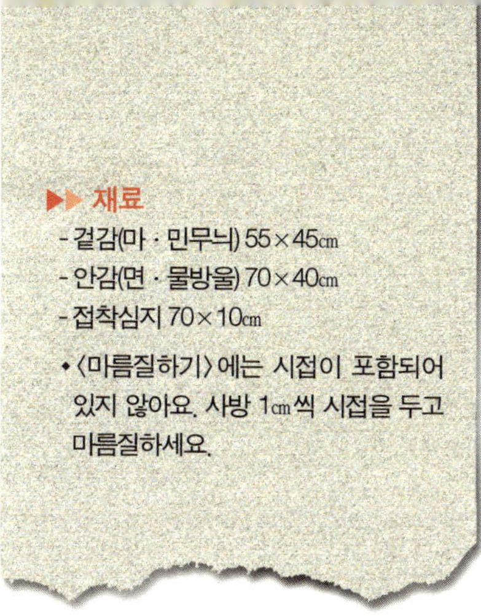

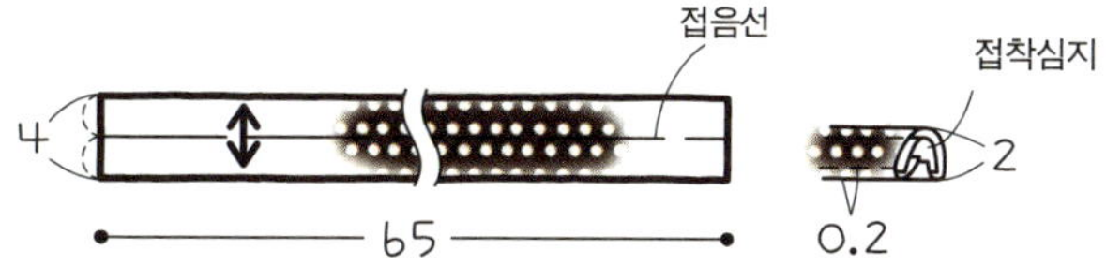

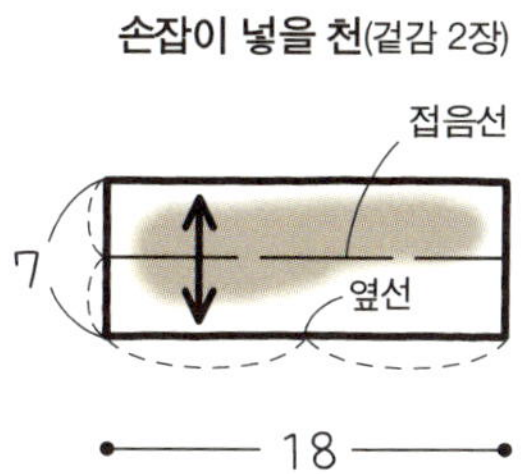

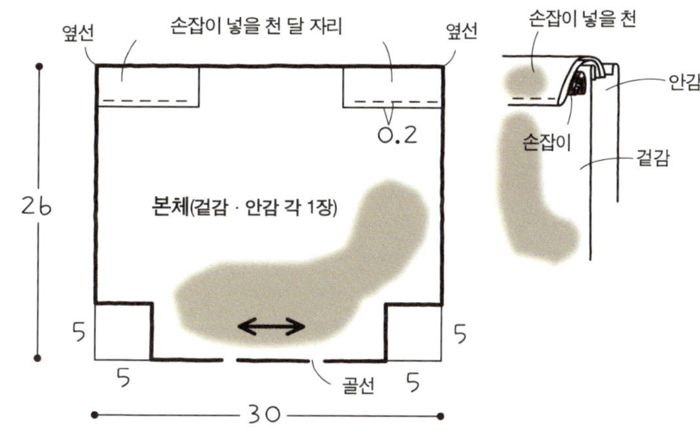

① 손잡이 넣을 천을 만든다.

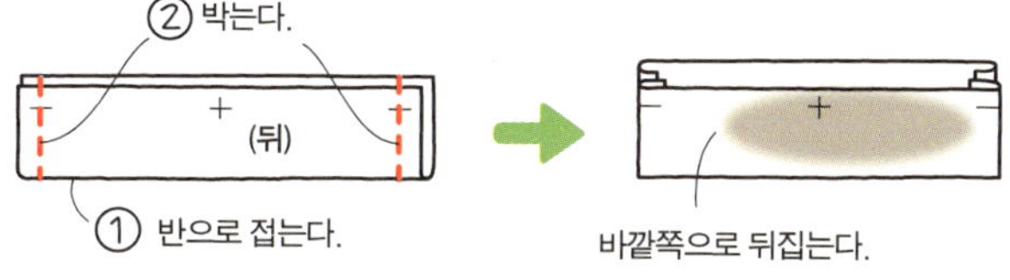

② 손잡이를 만든다.

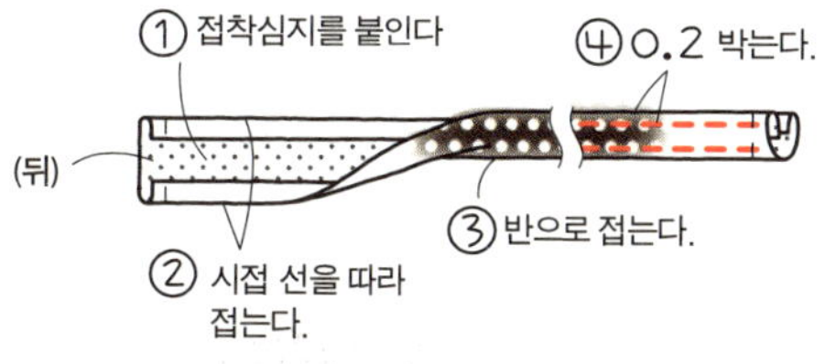

③ 본체의 옆선을 박는다.

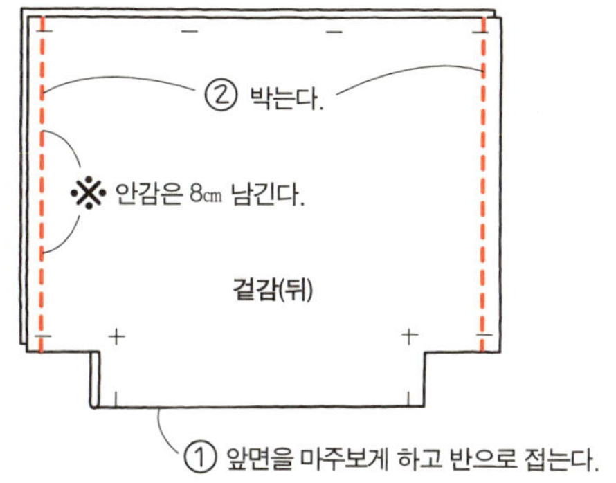

④ 바닥 폭을 만든다. (안감도 마찬가지)

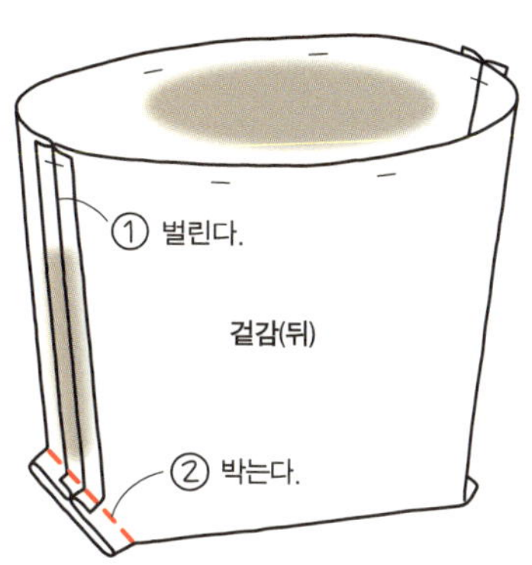

5 손잡이 넣을 천을 끼워서 겉감 본체와
안감 본체를 봉합한다.

6 손잡이를 끼운다.

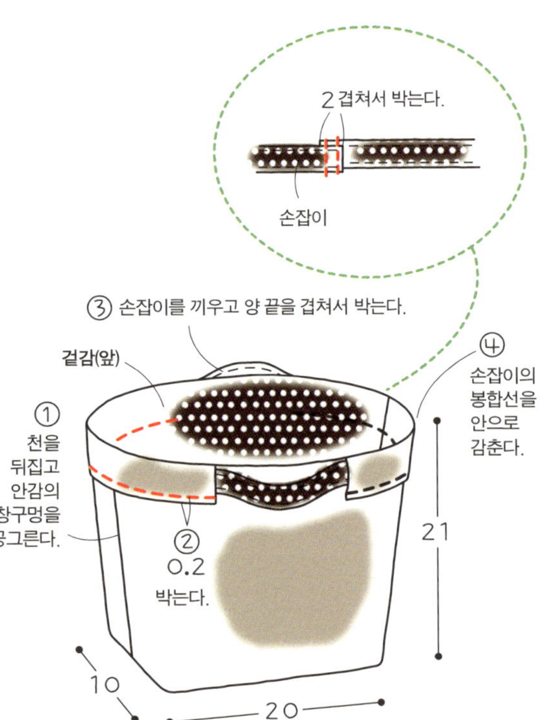

어깨에 가볍게 걸치는 하프 숄더백이에요. 작고 아담해도 가로로 긴 모양이라
사용하기 편해요. 작품 2처럼 레이스로 장식해도 예쁘답니다.

만든 이 : 기요노 다카코

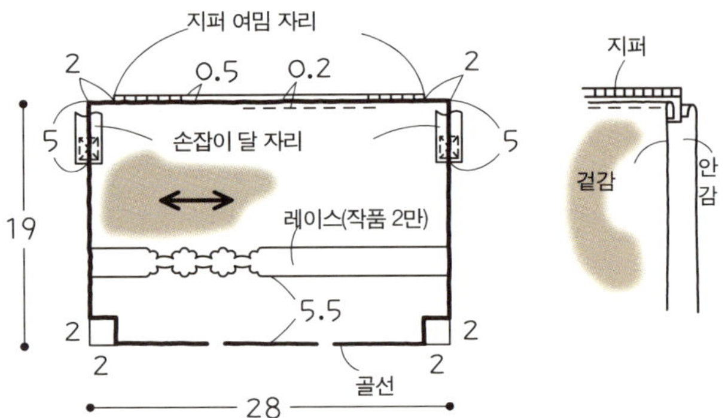

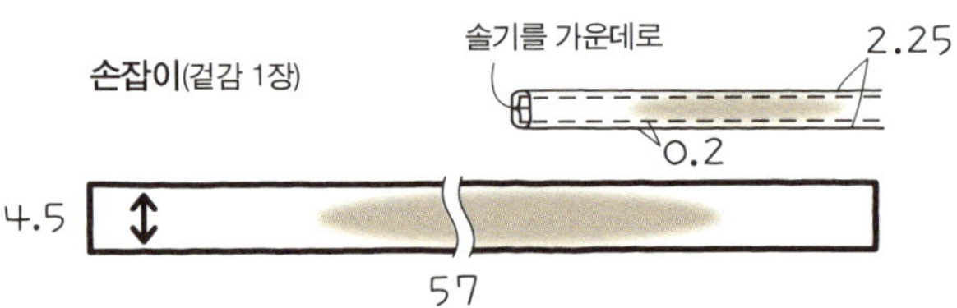

▶▶ **재료(1개분)**

- 겉감(마 · 민무늬) 60×40㎝
- 안감(면 · 무늬) 40×30㎝
- 레이스(작품 2만) 폭 18㎜ 길이 60㎝
- 지퍼 30㎝ 1개

◆ 〈마름질하기〉에는 시접이 포함되어 있지 않아요. 사방 1㎝씩 시접을 두고 마름질하세요.

만드는 방법

① **겉감에 지퍼를 단다.**

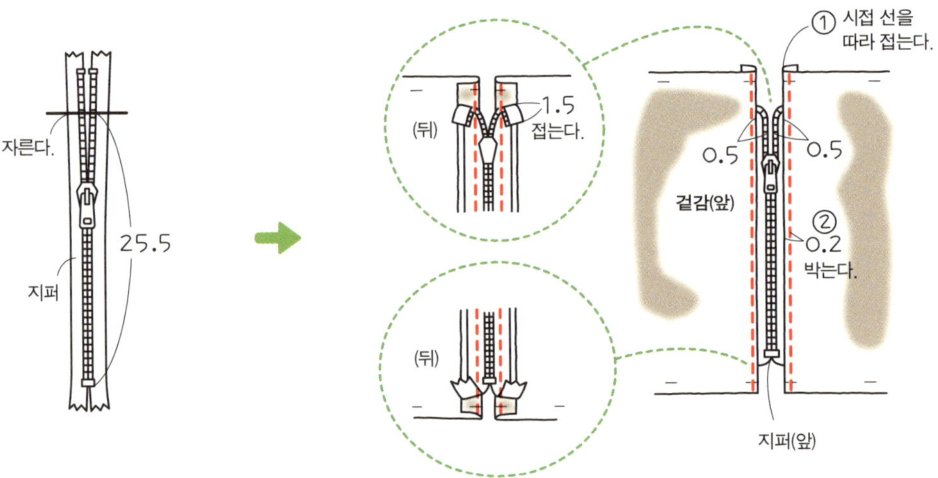

② 겉감 본체의 옆선을 박고 바닥 폭을 만든다.

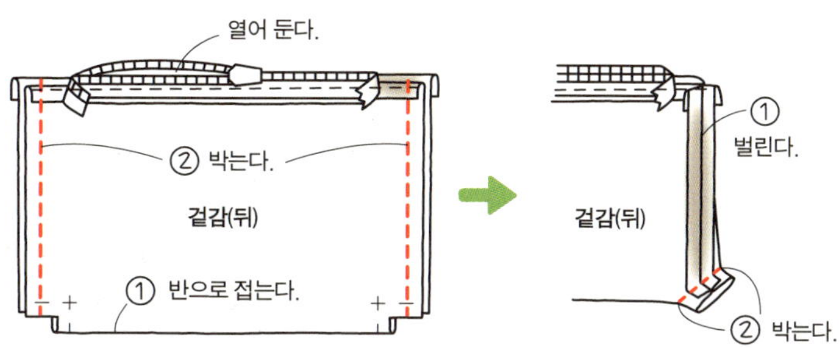

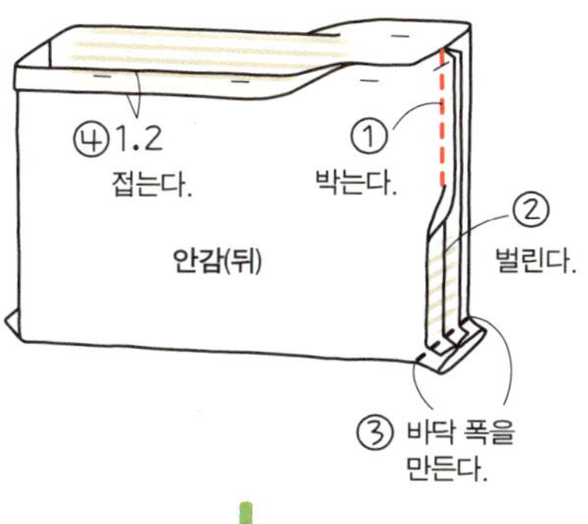

③ 안감 본체를 만들어 겉감 본체에 공그른다.

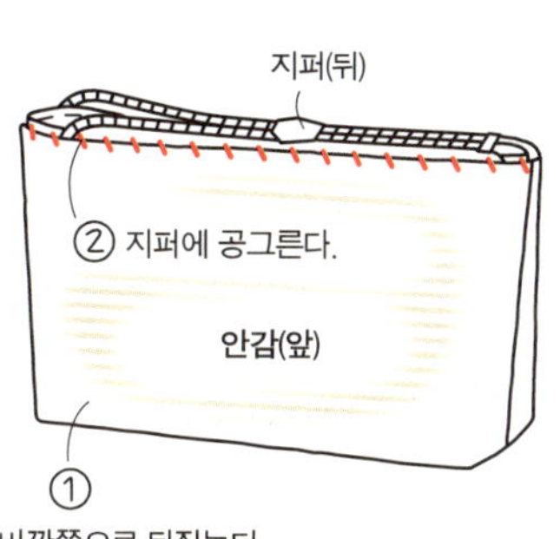

④ 손잡이를 만들어 본체에 단다.

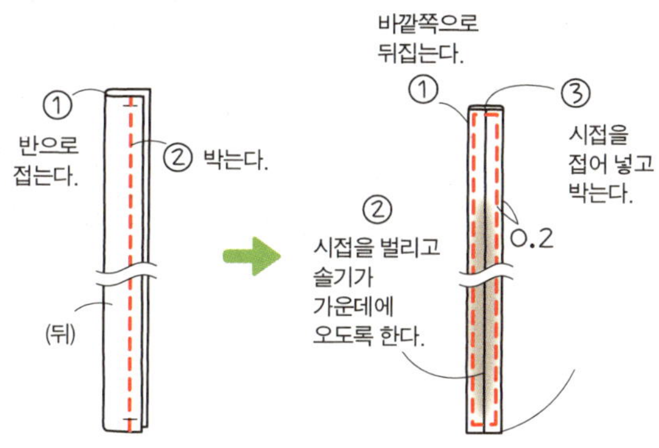

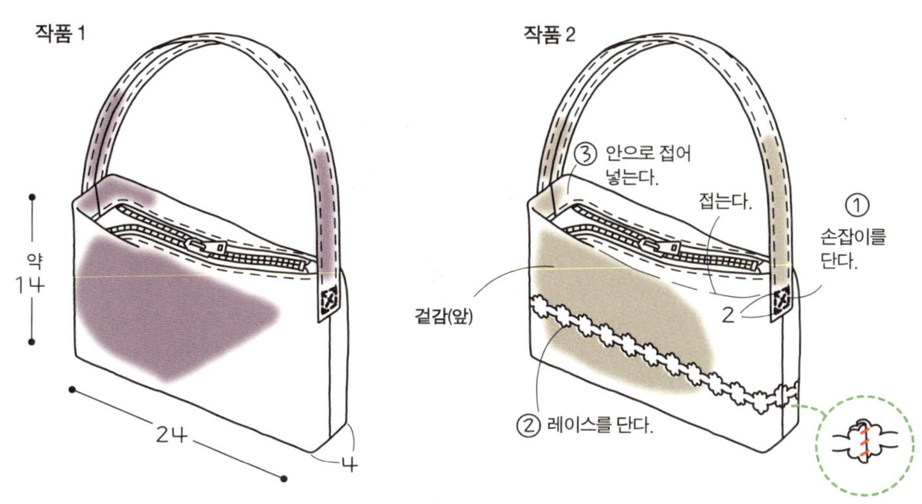

동글동글 귀여운 양면 가방

둥근 밑바닥에 4장으로 나눈 본체를 이어 달아 풍성함이 느껴지는 가방이에요.
뒤집어서 양면으로 사용할 수 있어 유용합니다.

▶▶ 재료(1개분)
- 겉감 90×30㎝
  (작품 1은 면마혼방 · 꽃무늬, 작품 2는 청지)
- 안감 90×30㎝
  (작품 1은 면 · 격자무늬,
   작품 2는 면 · 꽃무늬)
• 본에 시접은 포함되어 있지 않아요.
  사방 1㎝ 씩 시접을 두고 마름질하세요.
• 실물 크기의 마름질 본은 102쪽을 참조하세요.

만든 이 : 쇼지 기요미

1 겉감, 안감의 측면을 봉합한다.

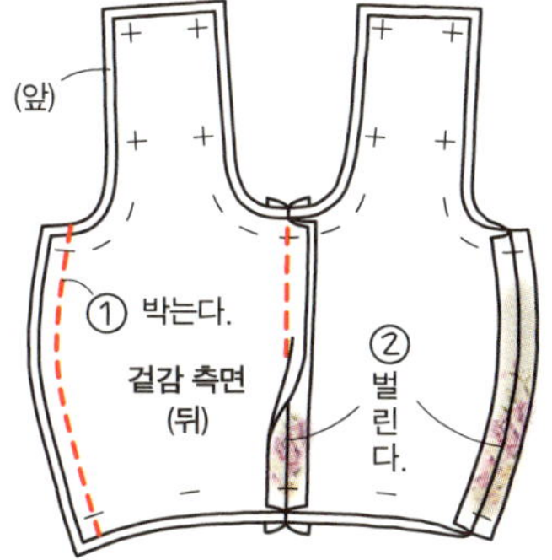

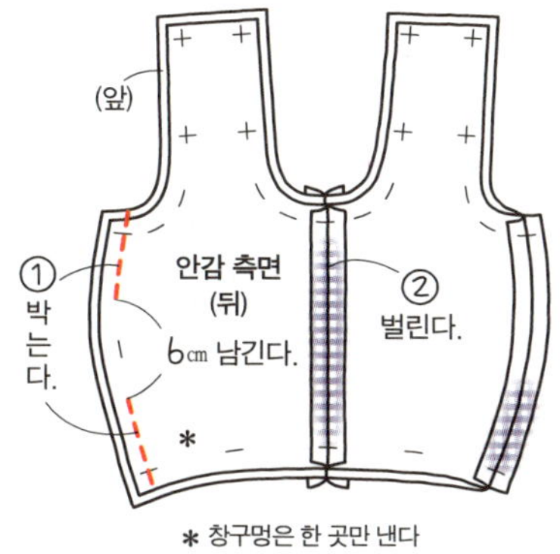

2 측면과 바닥을 봉합한다.
(안감도 마찬가지)

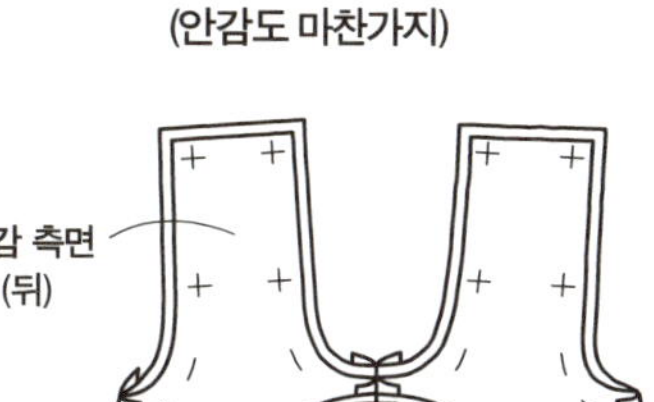

3 바닥에 바늘땀을 낸다.

시접을 측면 쪽으로 뉘어 놓고 박는다.

시접을 바닥 쪽으로 뉘어 놓고 박는다.

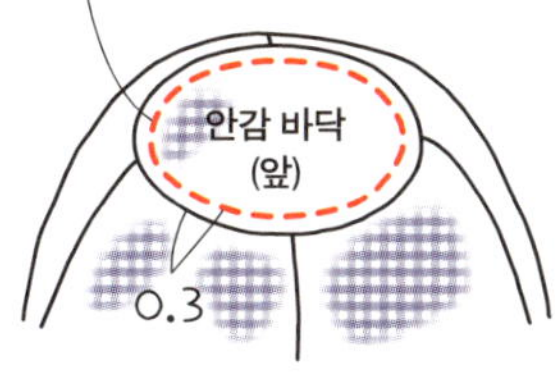

4 겉감 측면과 안감 측면을 봉합한다.

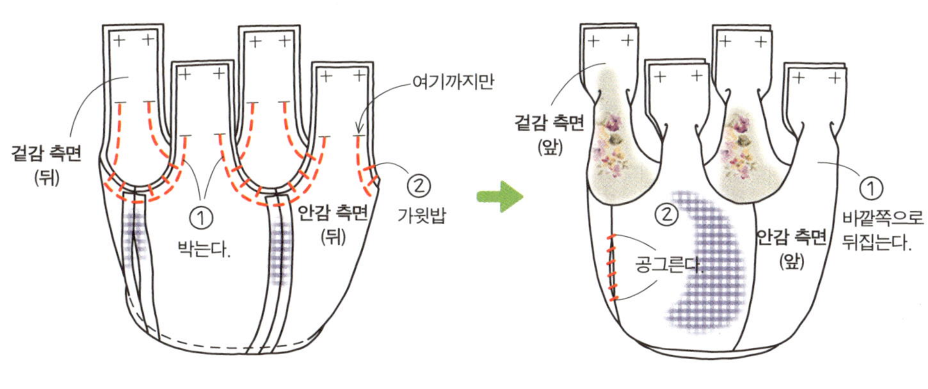

5 손잡이 부분을 연결하여 박는다.

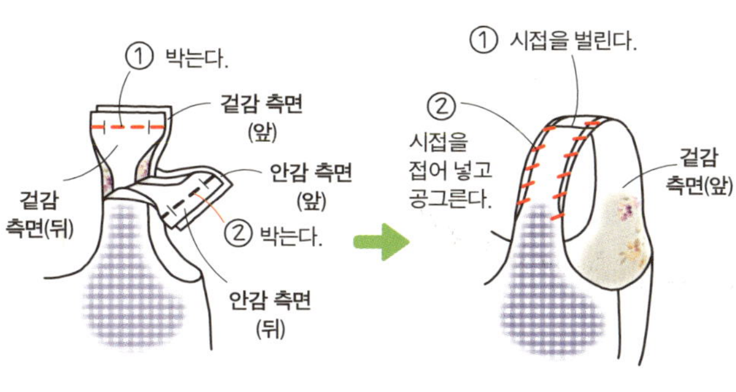

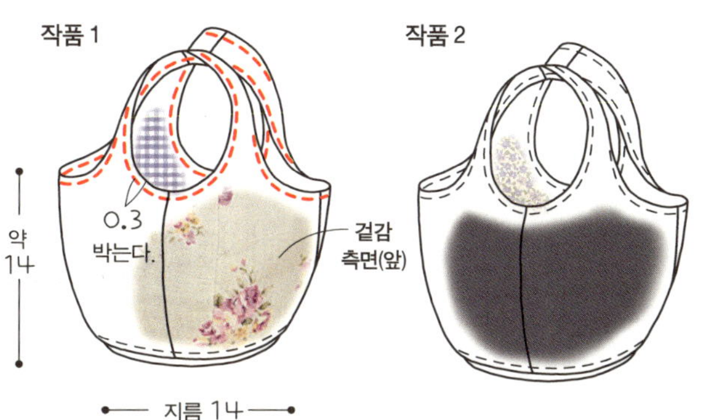

손잡이를 직접 묶어서 쓰는 가방이에요.
푸른색의 물방울무늬 겉감과 격자무늬 안감이 조화를 이뤄 경쾌한 느낌입니다.

만든 이 : 쇼지 기요미

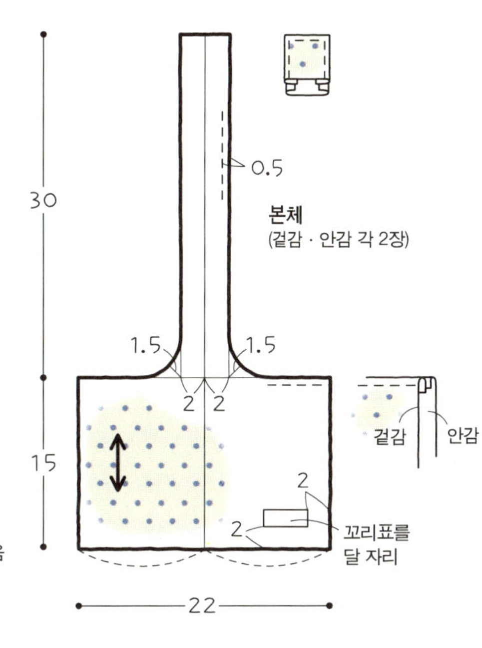

1 꼬리표를 단다.

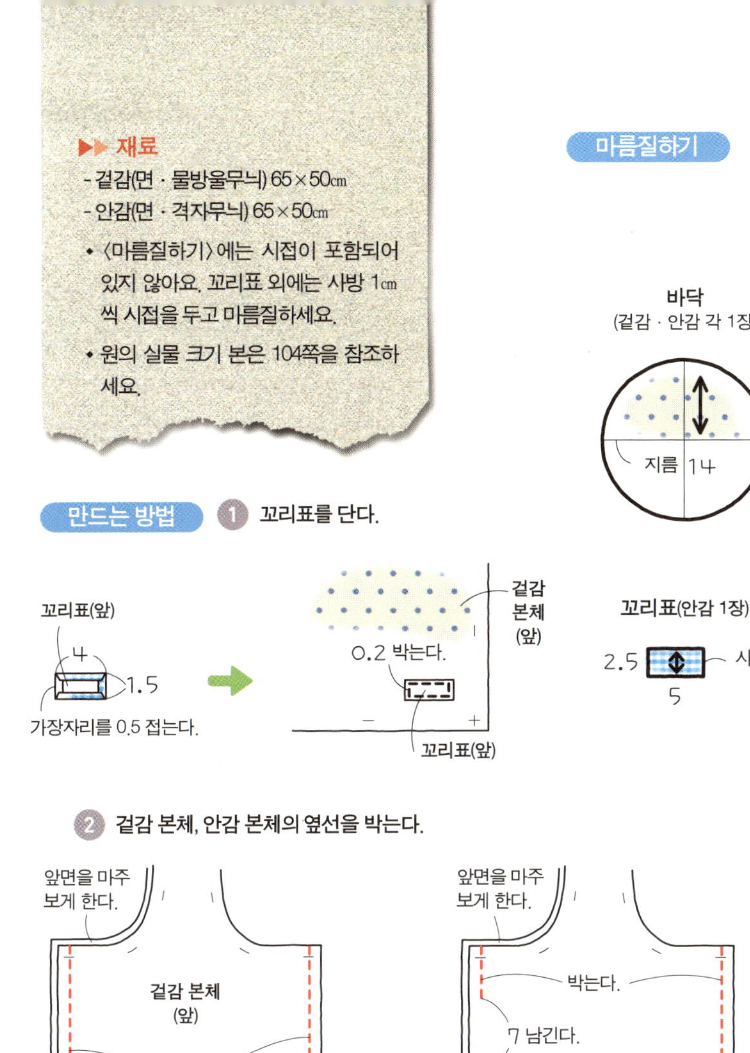

2 겉감 본체, 안감 본체의 옆선을 박는다.

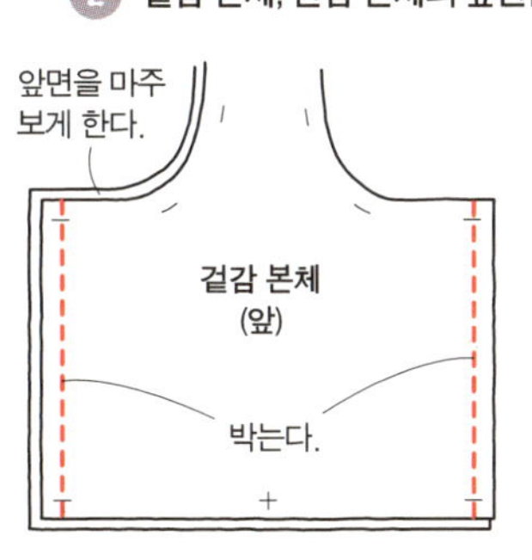

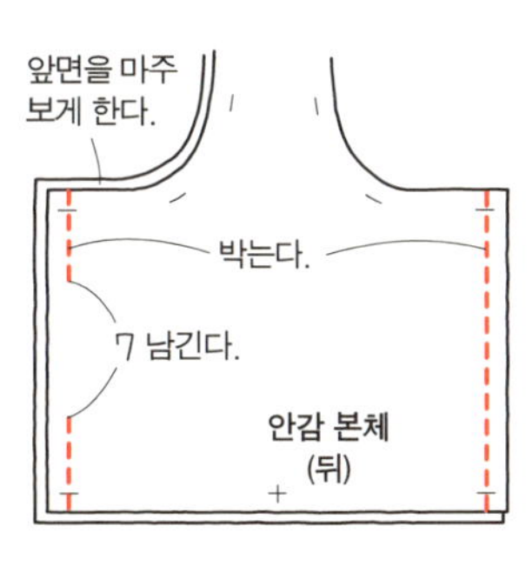

3 본체와 바닥을 봉합한다.
(안감도 마찬가지)

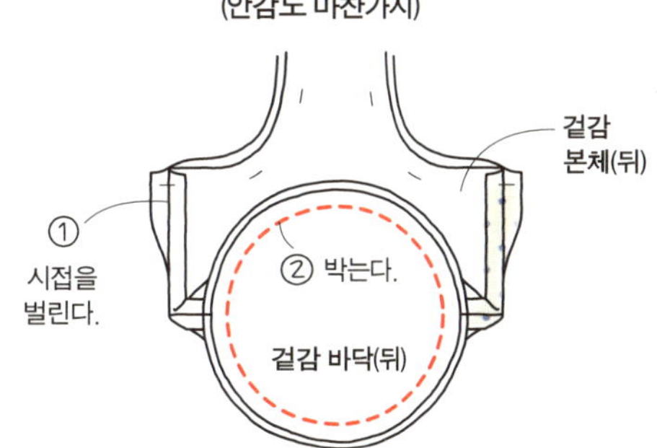

4 겉감 본체와 안감 본체를 봉합한다.

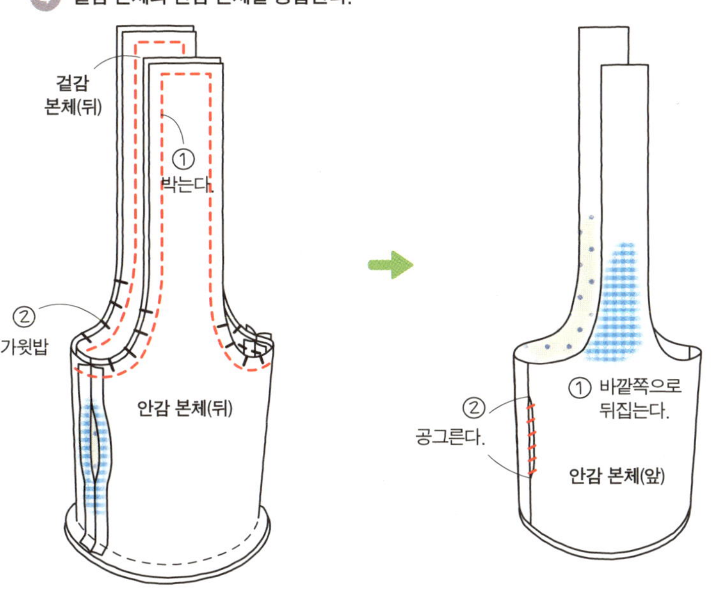

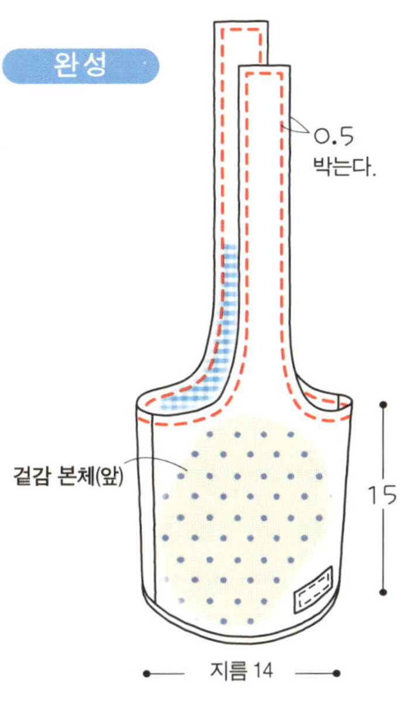

톡톡한 느낌의 보더 프린트 천으로 만든 둥그스름한 수납 바구니예요.
집안의 자잘한 물건을 넣어두기에 좋아요.

만든 이 : 쇼지 기요미

마름질하기

본체(겉감 · 안감 · 퀼트 솜 각 2장)

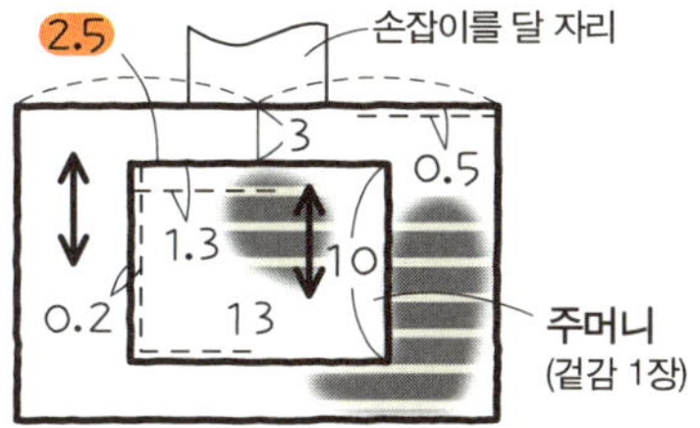

손잡이(겉감 2장, 퀼트 솜 1장)

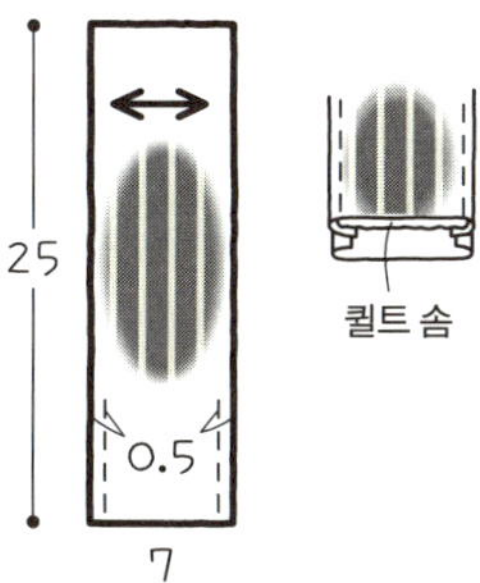

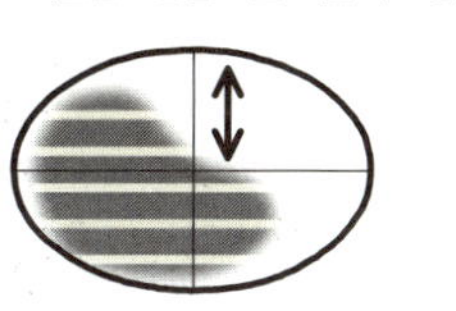

바닥
(겉감 · 안감 · 퀼트 솜 각 1장)

만드는 방법

1 주머니를 만들어 단다.

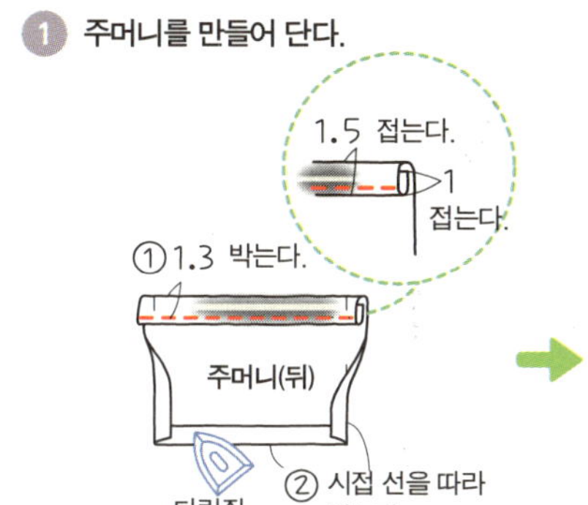

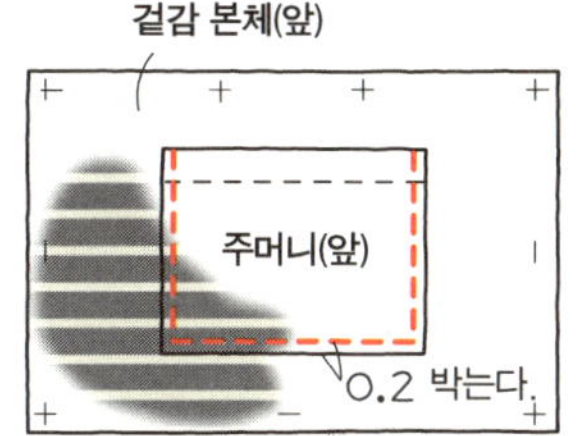

2 겉감 본체, 안감 본체의 옆선을 박는다.

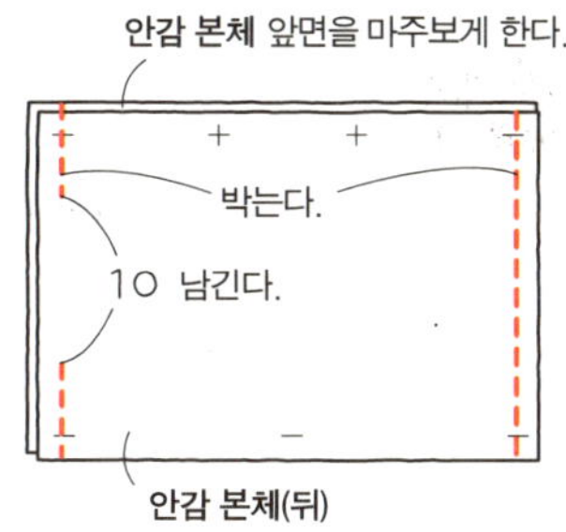

3 본체와 바닥을 봉합한다.
(안감 본체도 마찬가지)

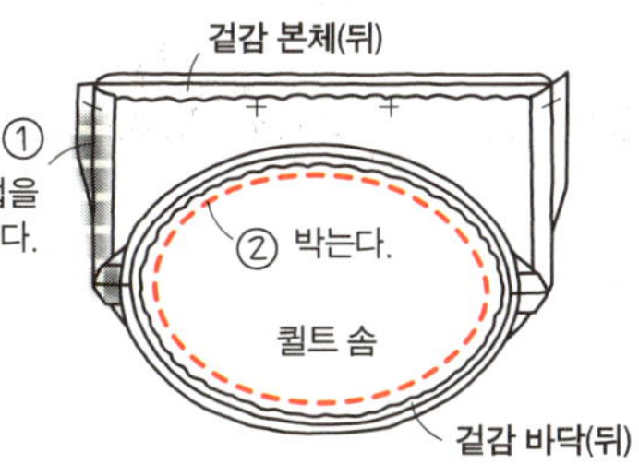

4 손잡이를 만든다.

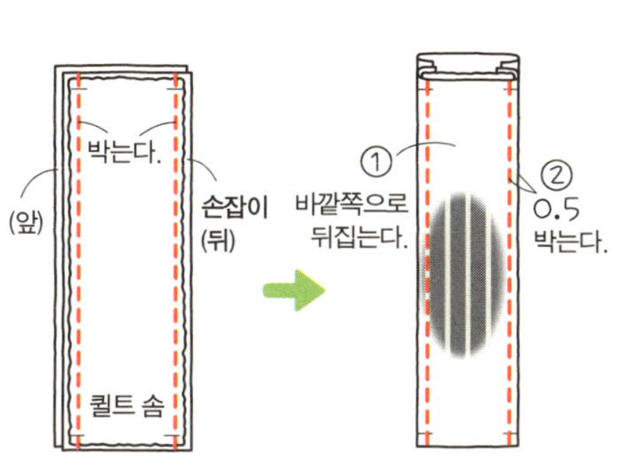

5 겉감 본체와 안감 본체를 봉합한다.

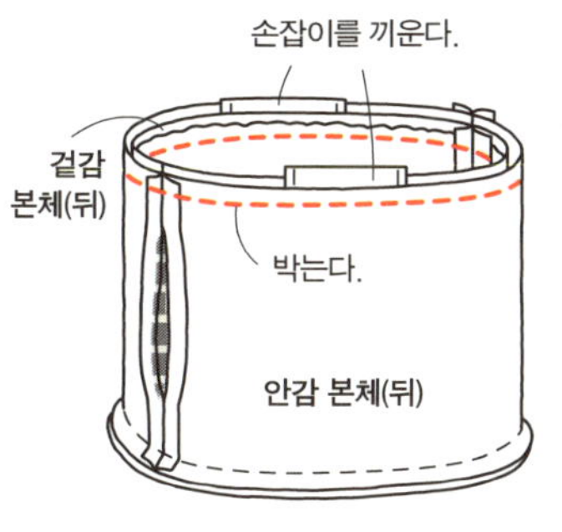

완성

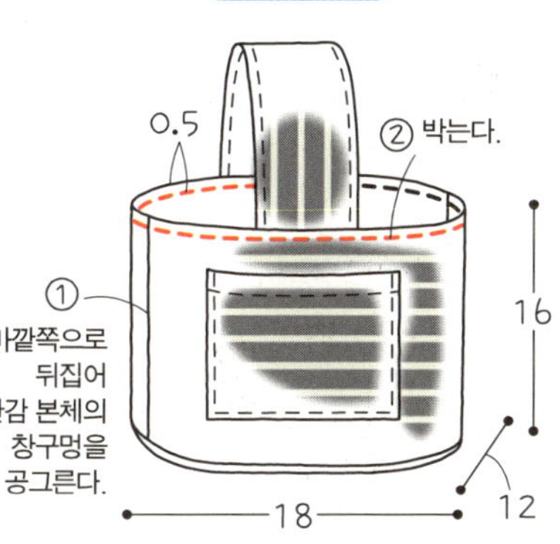

센스 만점
보자기 가방

직사각형 천을 맞붙여서 만든 보자기 가방이에요.
수건으로도 만들 수 있습니다. 손잡이에는 단추를 달아 여몄답니다.

만든 이 : 후쿠다 미호

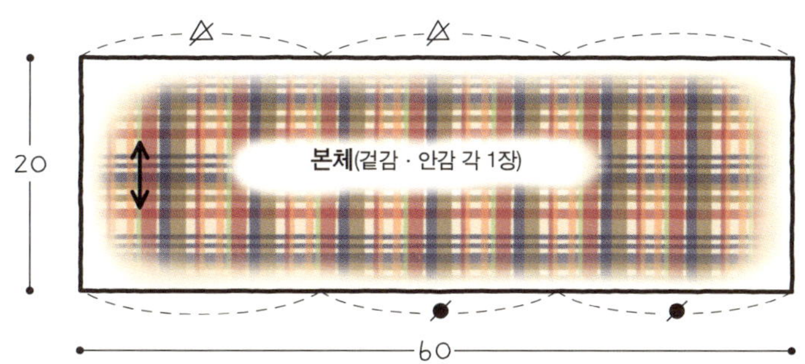

1 같은 기호로 표시한 부분을 겹쳐놓고 박는다.
(안감도 마찬가지)

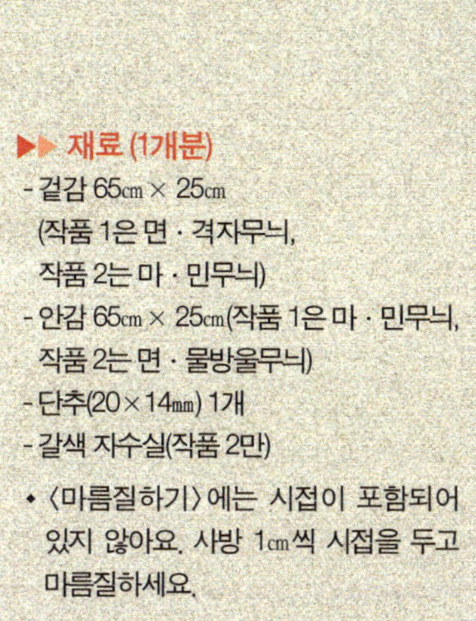

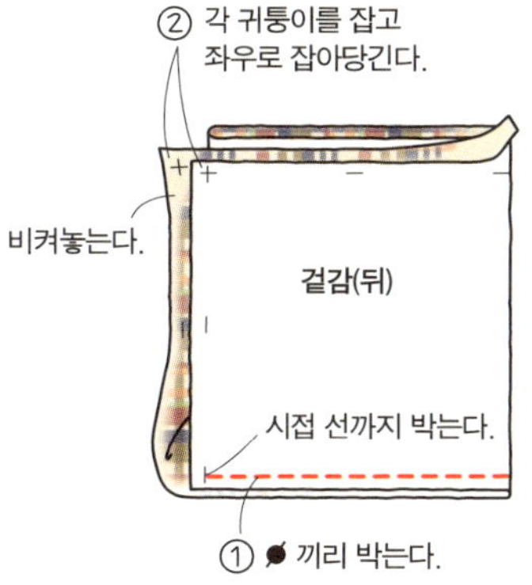

2 겉감과 안감을 봉합한다.

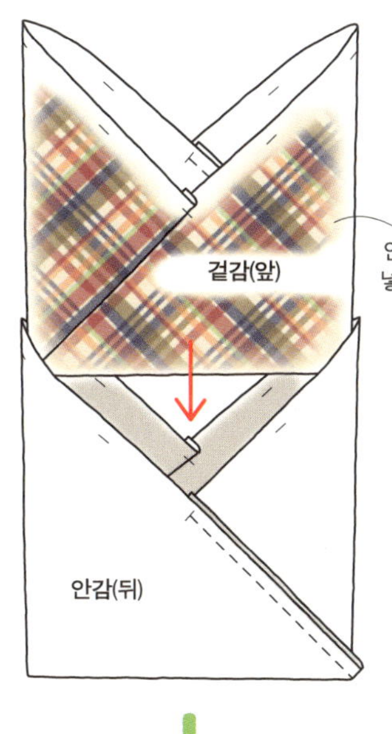

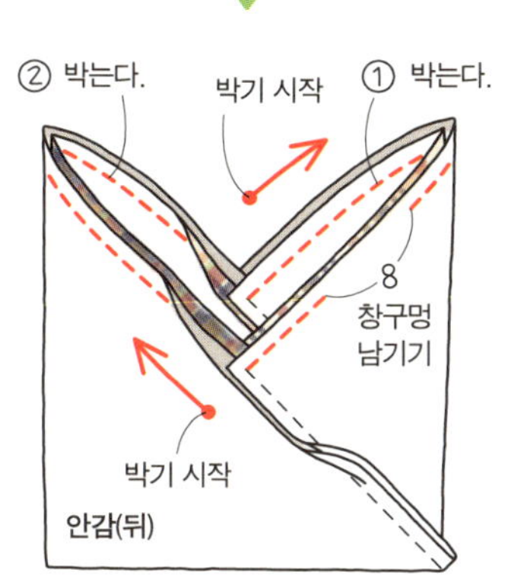

＊ 시접을 피해 시접 선에서 시접 선까지 박는다.

3 창구멍으로 천을 뒤집고,
단춧구멍을 만든 다음
단추를 단다.

작품 1

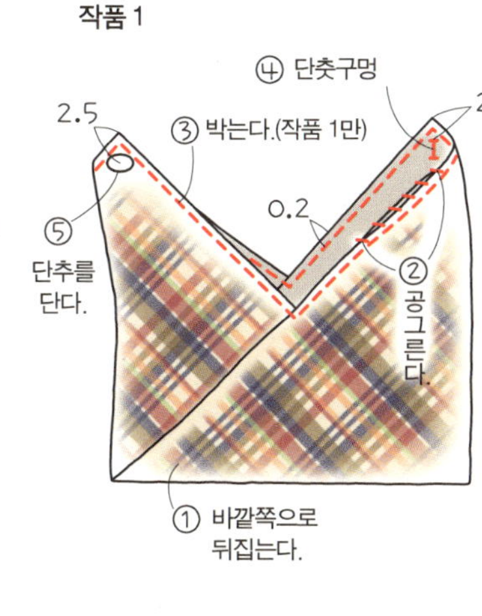

작품 2

여행가방 안에 쏙 들어가는 네모 반듯한 납작 파우치에요.
속옷이나 손수건 등을 넣기에 좋은 크기입니다.

만든 이 : 사카이 미나코

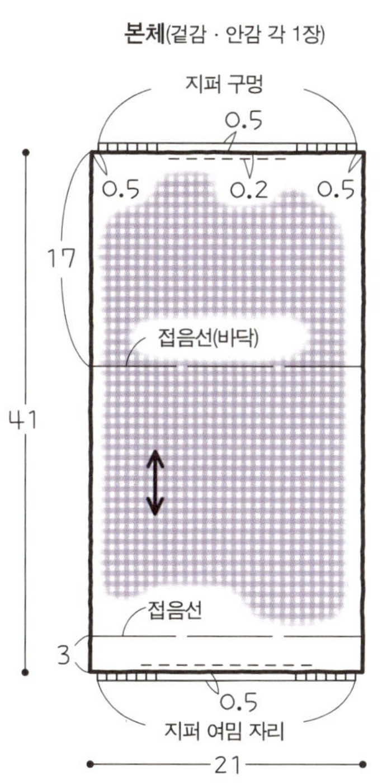

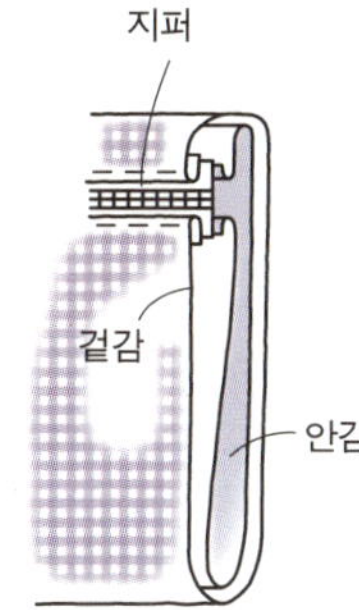

1 겉감에 지퍼를 단다.

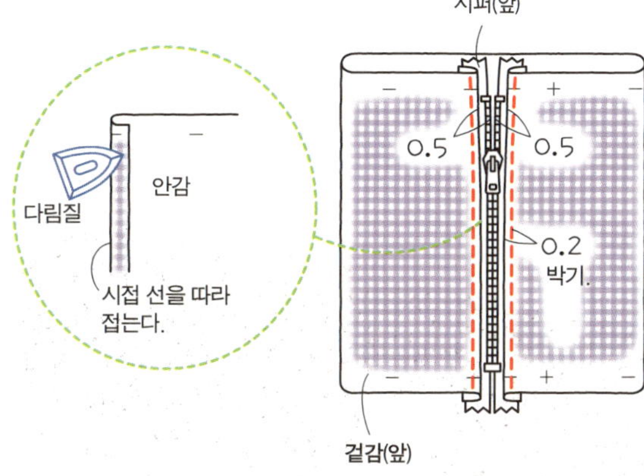

2 겉감의 옆선을 박는다.

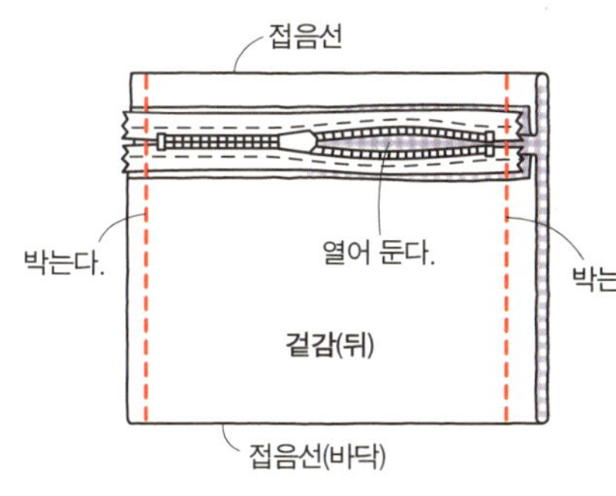

3 안감의 옆선을 박는다.

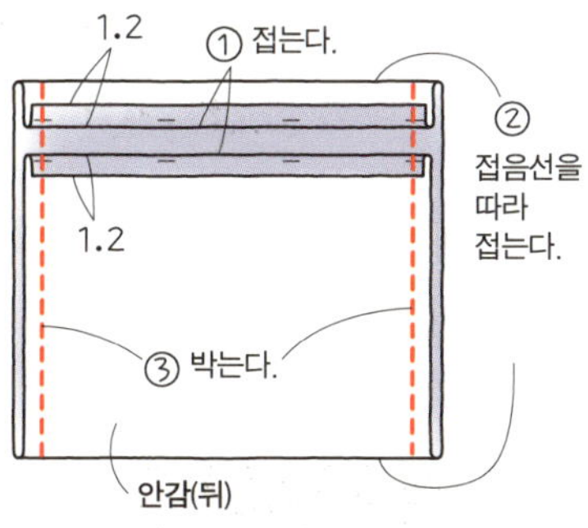

4 겉감과 안감을 겹치고,
안감을 공그른다.

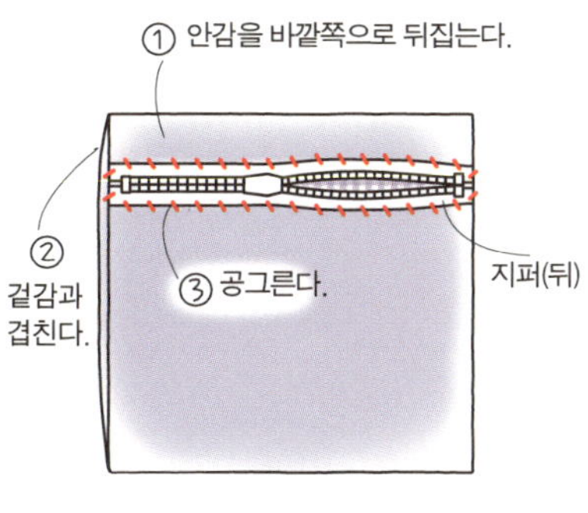

5 지퍼 손잡이에 테이프를 단다.

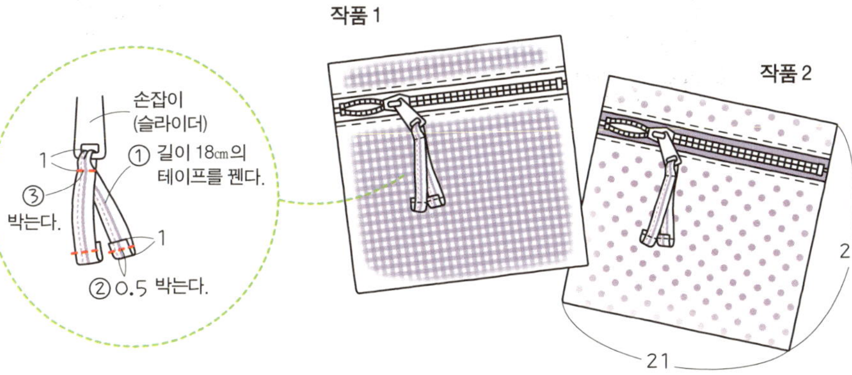

레이스 장식 파우치

레이스와 단추를 달아 여성스러운 파우치예요. 옆선을 박아서 바닥 폭을 만들었기 때문에 화장품 등을 소지품에 넣어 다니기에도 편하지요.

만든 이 : 기요노 다카코

마름질하기

본체(겉감·안감 각 1장)

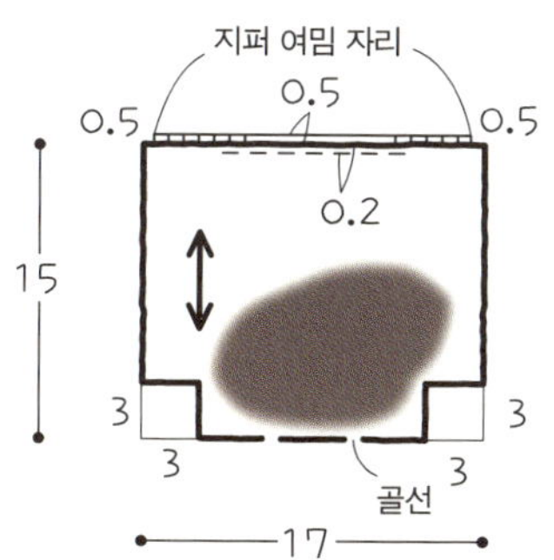

만드는 방법

1 겉감에 레이스나 장식 테이프를 단다.

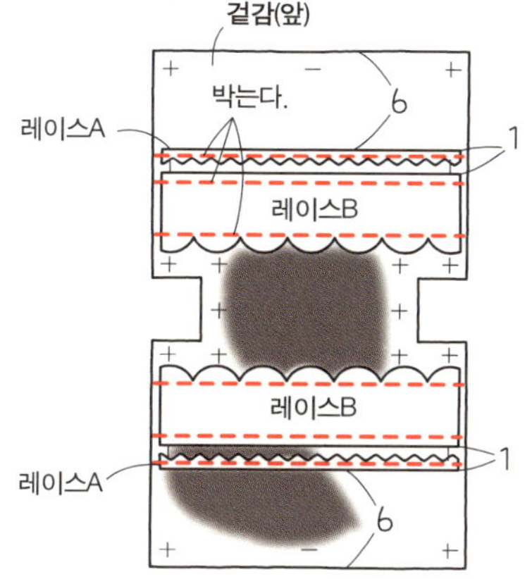

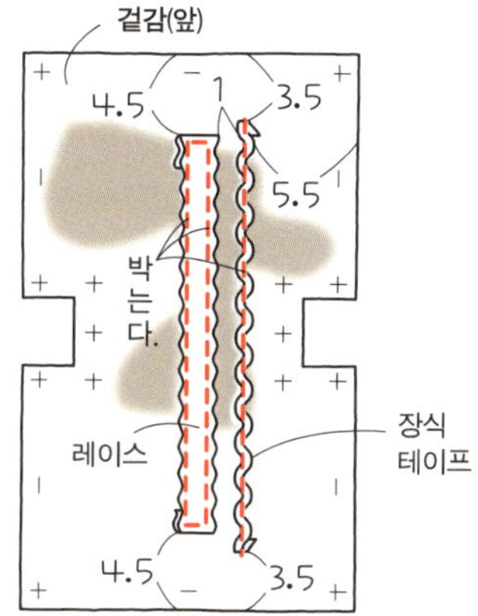

2 겉감에 지퍼를 단다.

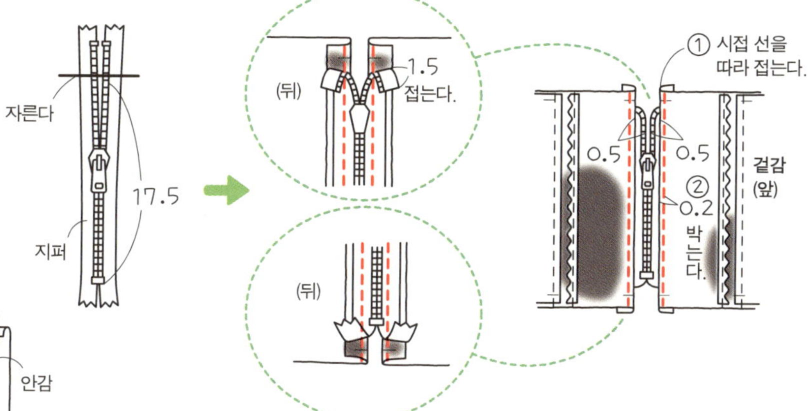

3 겉감 본체, 안감 본체의 옆선을 박고 바닥 폭을 만든다.

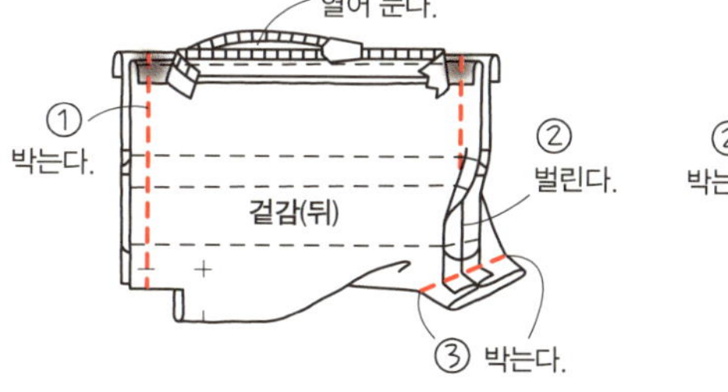

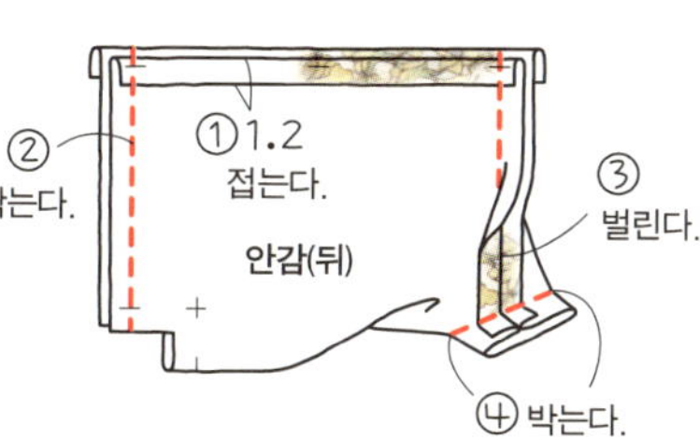

4 겉감 본체에 안감 본체를 넣고 공그른다.

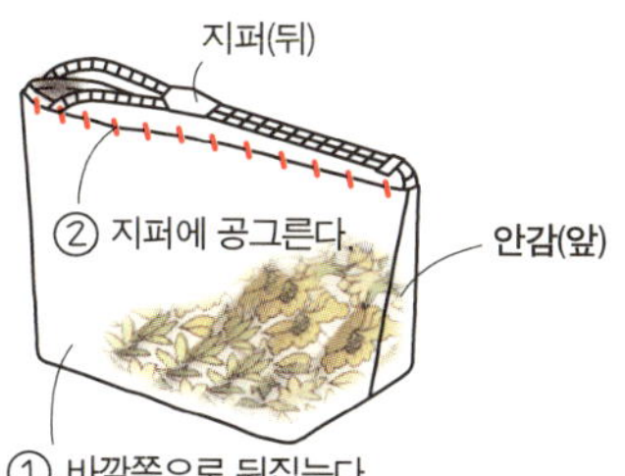

완성

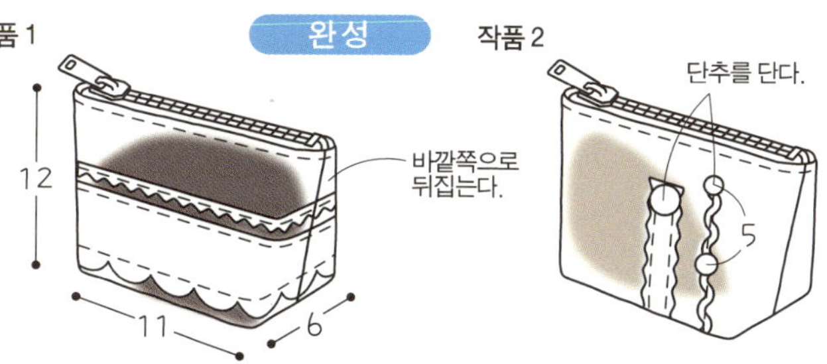

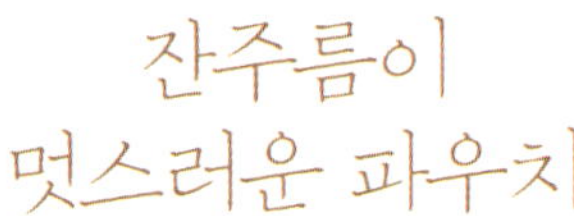

잔주름이 멋스러운 파우치

입구에 잔주름을 잡아 바이어스를 댄 심플하면서 멋스러운 파우치예요.
납작하지만 생각보다 물건을 많이 넣을 수 있습니다.

만든 이 : 요시자와 미즈에

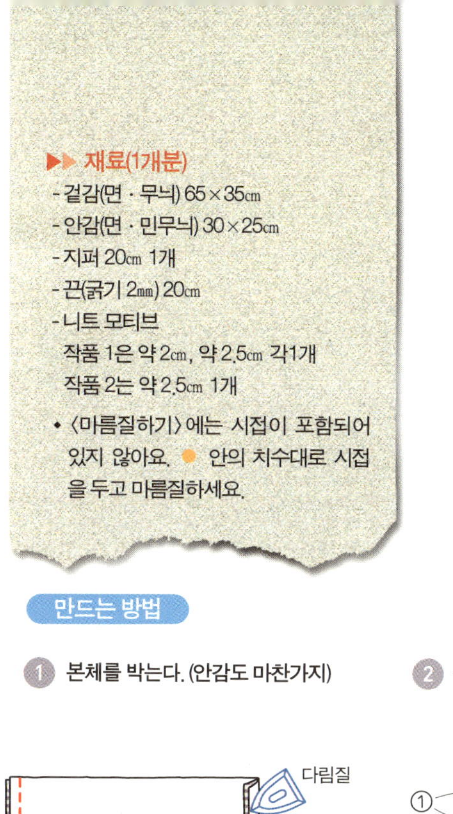

만드는 방법

1 본체를 박는다. (안감도 마찬가지)

2 겉감과 안감을 겹쳐 2장을 같이 박는다.

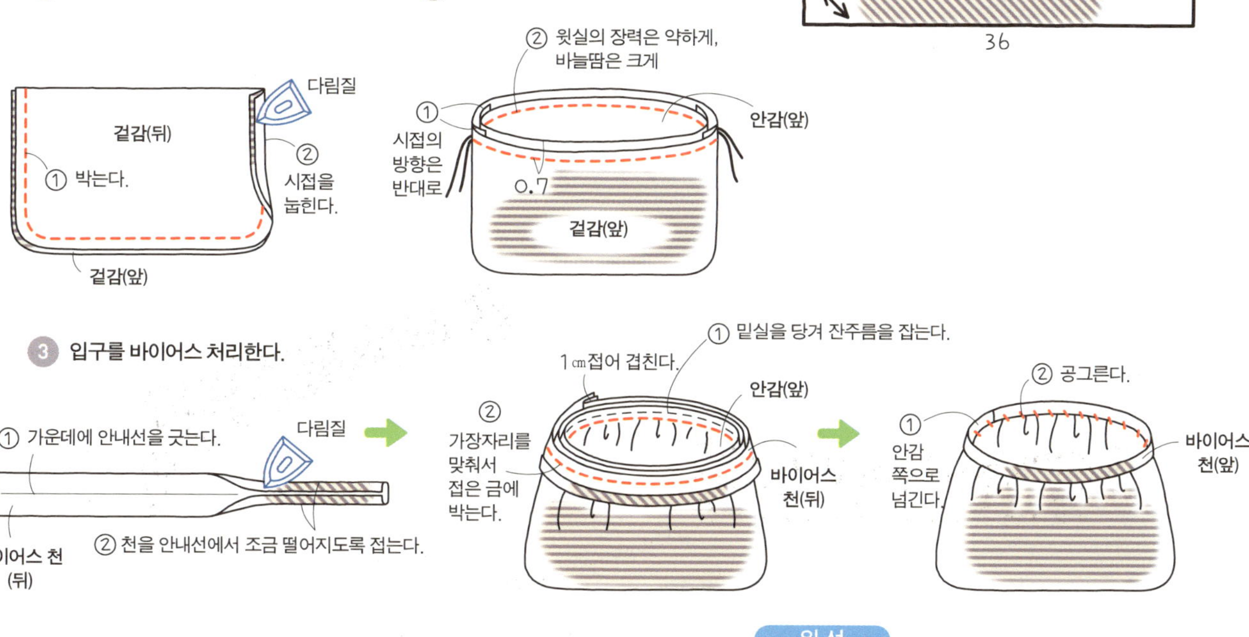

3 입구를 바이어스 처리한다.

4 지퍼를 달고 지퍼 머리(슬라이더)에 모티브를 단다.

만든 이 : 니시무라 아키코(작품 1), 후쿠다 미호(작품 2)

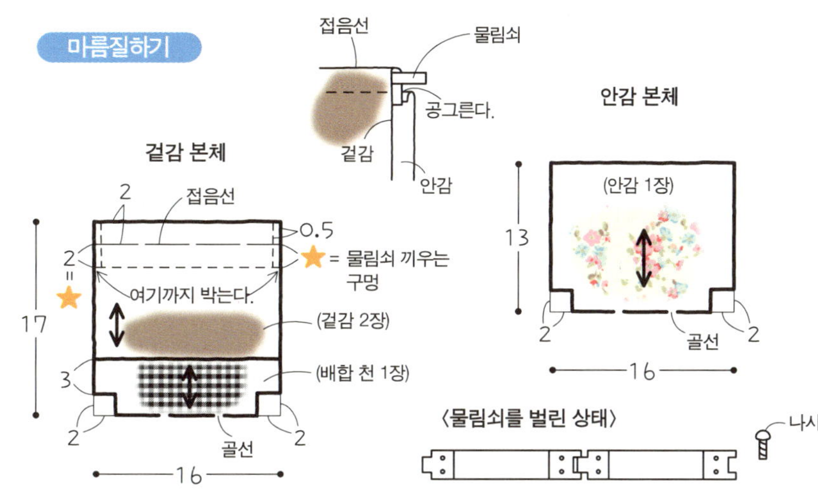

1 배합 천을 이어 박는다.

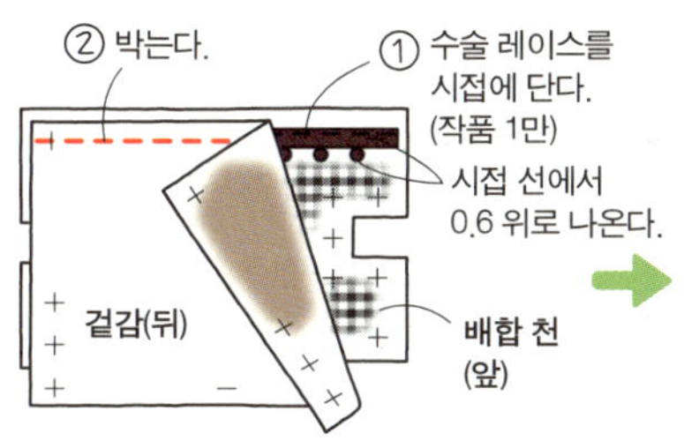

작품 1

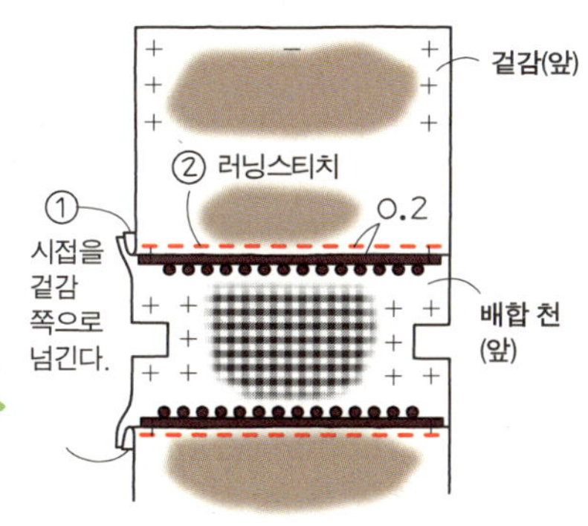

작품 2

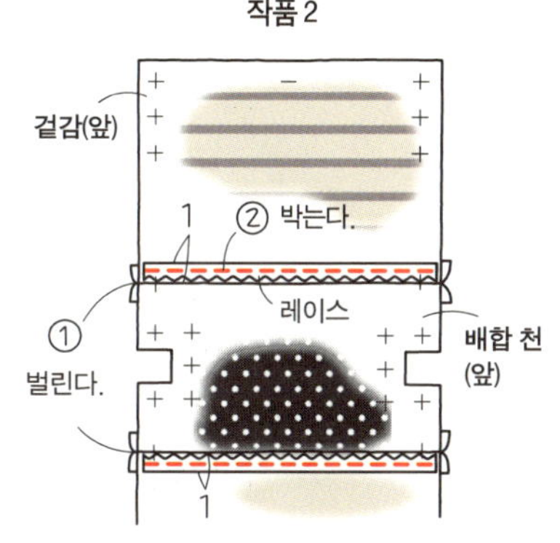

2 겉감 본체와 안감 본체의 옆선을 박고, 바닥의 폭을 만든다.

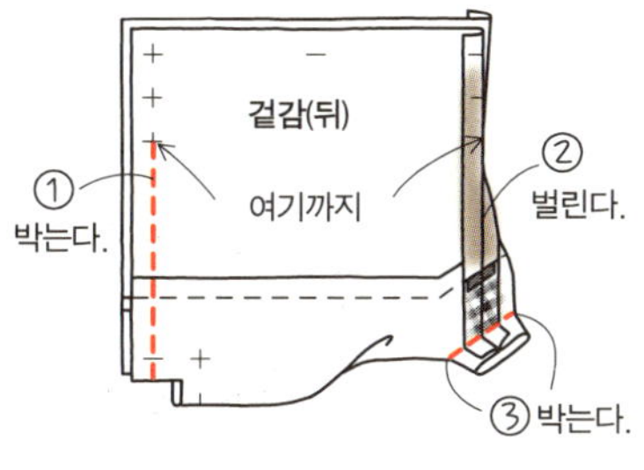

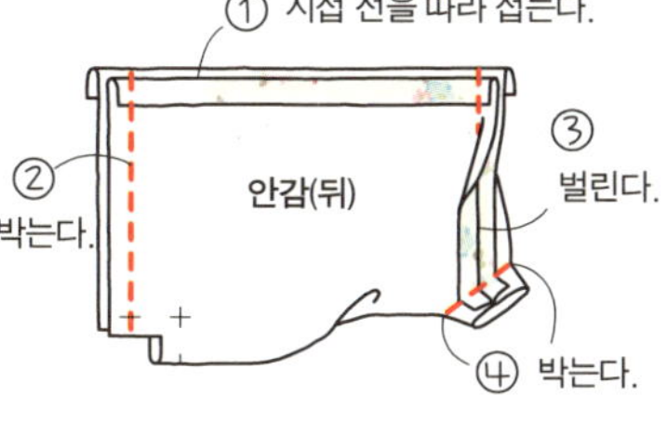

3 입구 쪽 시접을 박아 접는다.

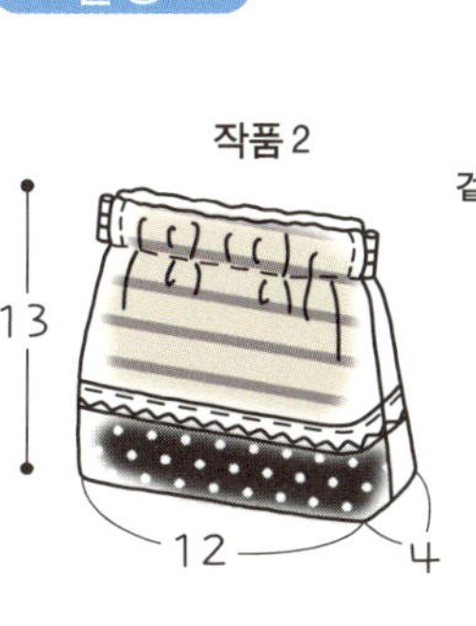

4 겉감 본체에 안감 본체를 공그른다.

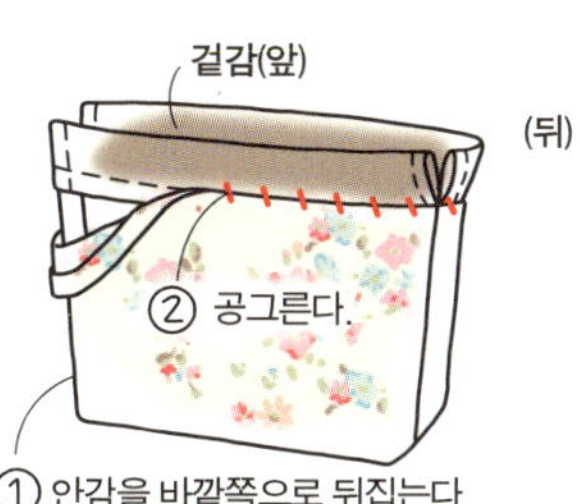

5 물림쇠를 끼운다.

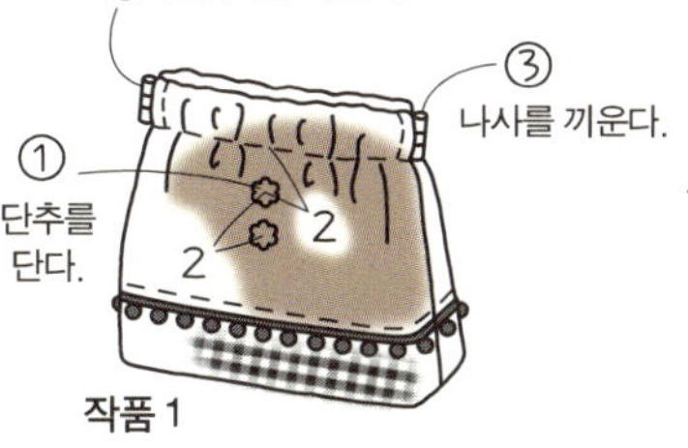

민무늬와 격자무늬 천을 배합해서 만든 보스턴백 스타일의
작은 파우치예요. 손잡이는 테이프를 이용해 간단하게 만들었어요.

만든 이 : 요시자와 미즈에

▶▶ 재료

- 겉감(마 · 격자무늬) 25×20㎝
- 배합 천(마 · 민무늬) 25×20㎝
- 안감(면 · 줄무늬) 30×25㎝
- 접착심지 50×20㎝
- 지퍼 20㎝ 1개
- 테이프 폭 10㎜ 길이 60㎝(손잡이용)
- ◆ 〈마름질하기〉에는 시접이 포함되어 있지 않아요. 사방 1㎝씩 시접을 두고 마름질하세요.

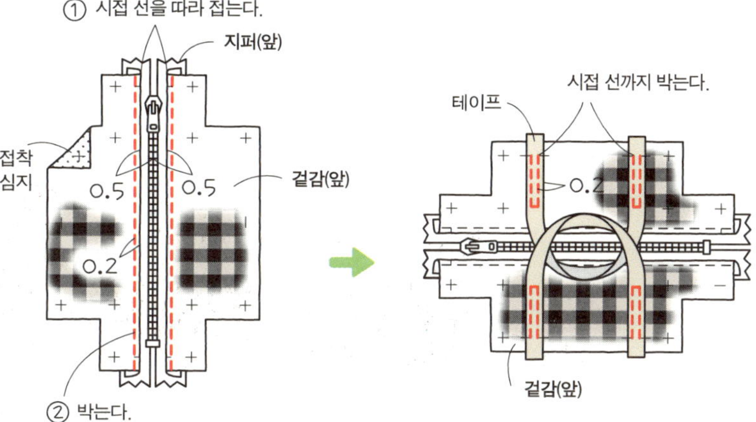

만드는 방법

*먼저 겉감과 배합 천에 접착심지를 붙여 둔다.

1 겉감에 지퍼와 손잡이를 단다.

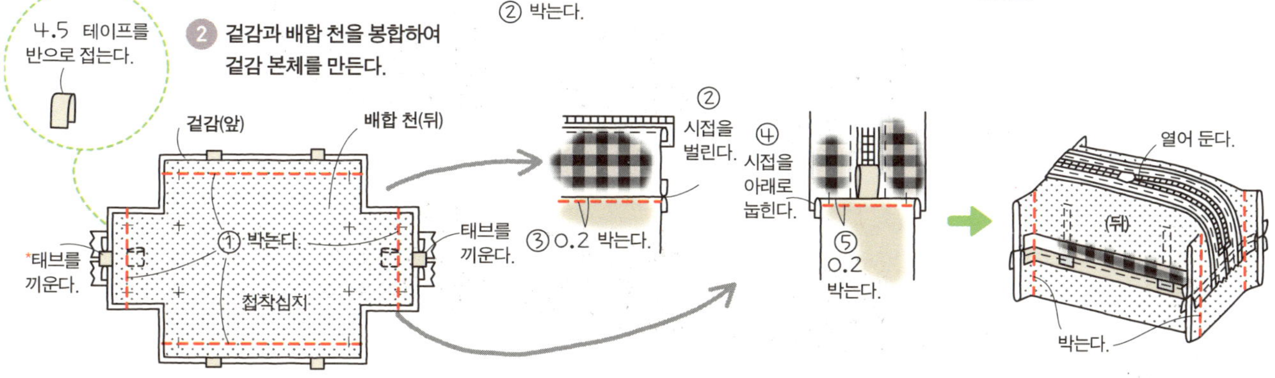

2 겉감과 배합 천을 봉합하여 겉감 본체를 만든다.

* 태브(tab. 장식용으로 겹쳐 댄 띠 모양의 천으로, 여기에서는 지퍼를 열고 닫을 때 반대편 손의 지지대로 사용한다.

3 안감 본체를 만들어 겉감 본체에 공그른다.

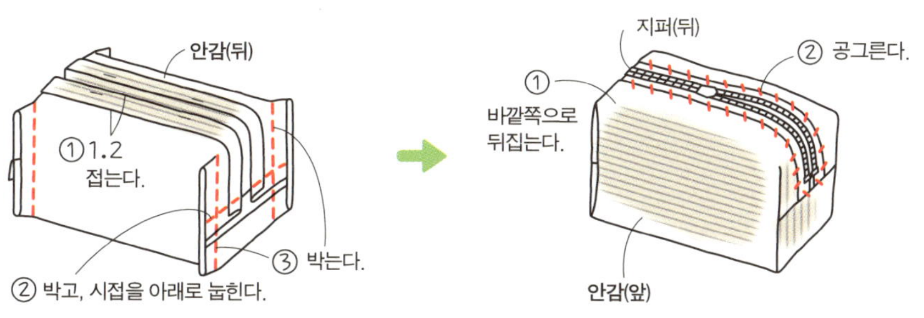

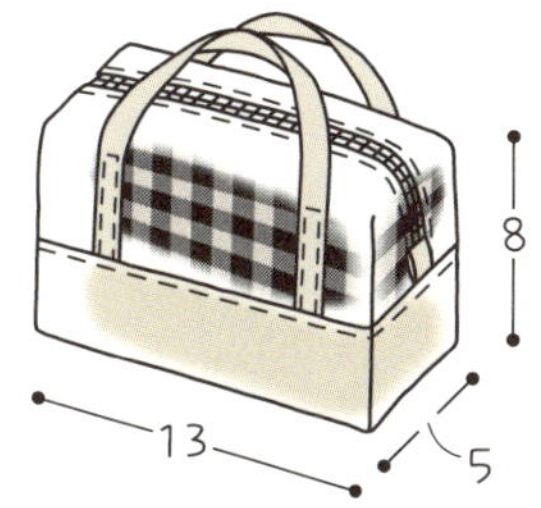

에펠탑 장식 납작 파우치

납작하고 간결한 기본형 파우치예요.
격자무늬 천에 장식한 레이스와 에펠탑이 멋스럽습니다.

에펠탑 장식
납작 파우치

만든 이 : 기요노 다카코

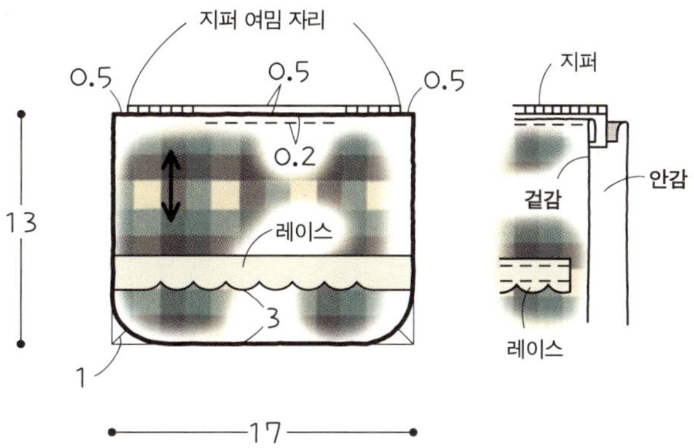

만드는 방법

1 겉감에 레이스를 달고, 아플리케를 붙인다.

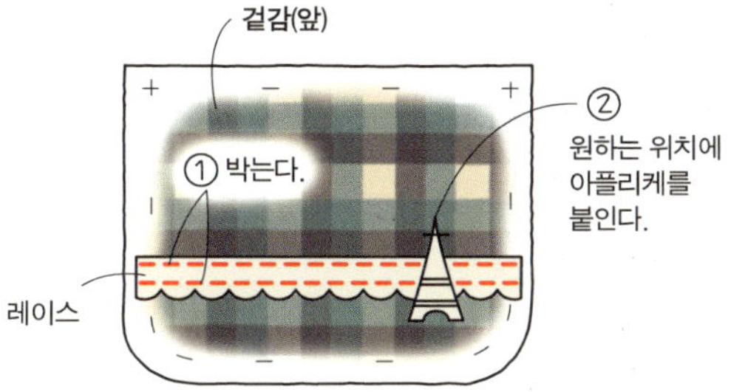

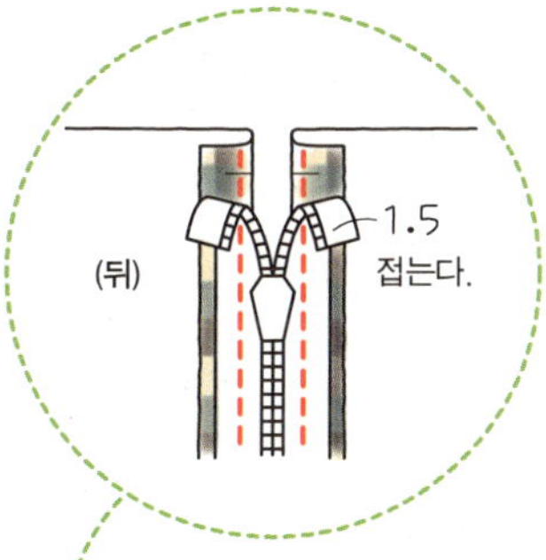

2 겉감에 지퍼를 단다.

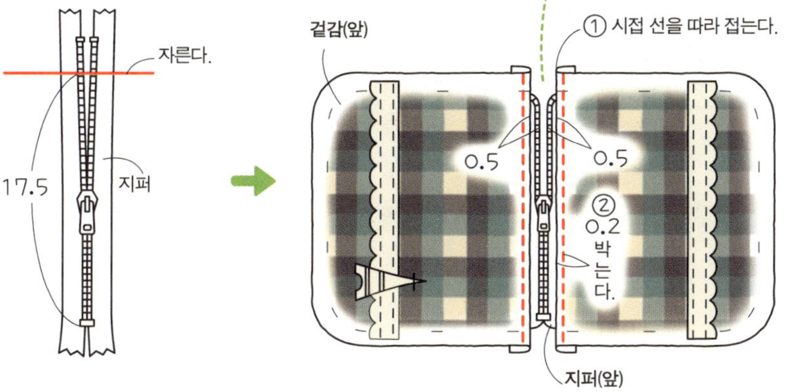

3 겉감 본체를 만든다.

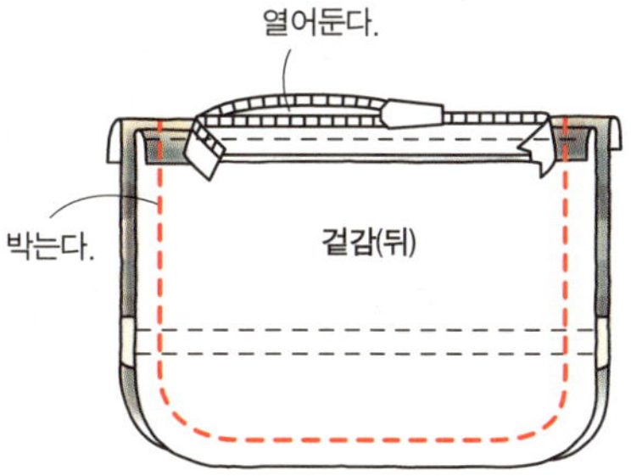

4 안감 본체를 만들어 겉감 본체에 공그르기로 연결한다.

완성

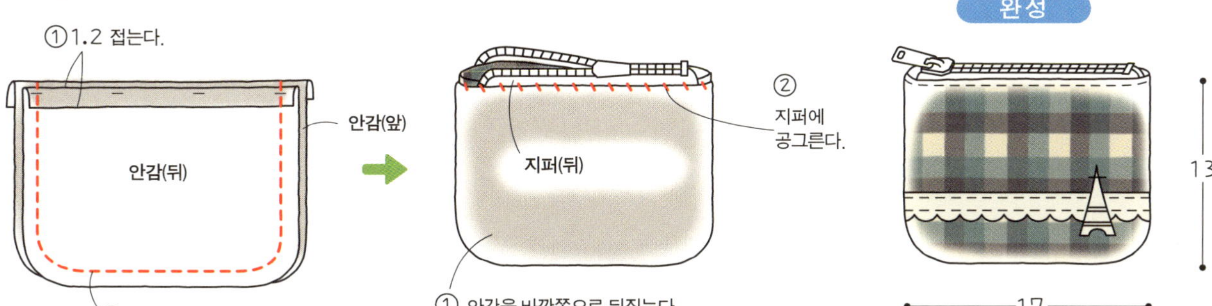

단추로 여미는 뚜껑 달린 파우치예요. 통장이 쏙 들어가는 크기랍니다.
멋스러운 검은색에 표백하지 않은 자연스러운 색감의 레이스를 달았어요.
뚜껑을 열면 보이는 꽃무늬 안감이 포인트랍니다.

만든 이 : 기요노 다카코

마름질하기

본체(겉감 · 안감 각 1장)

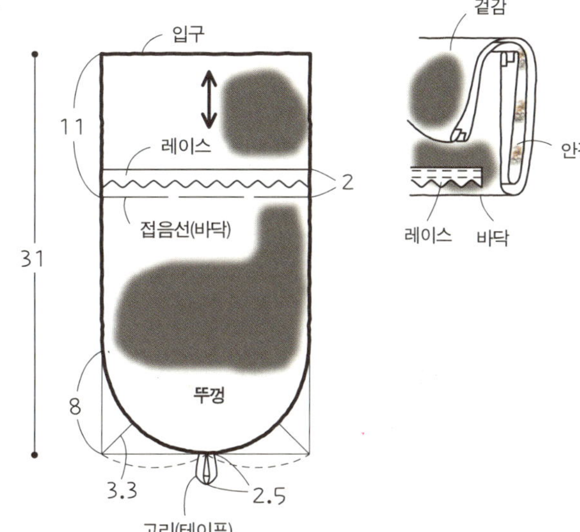

만드는 방법

1 겉감에 레이스와
고리를 단다.

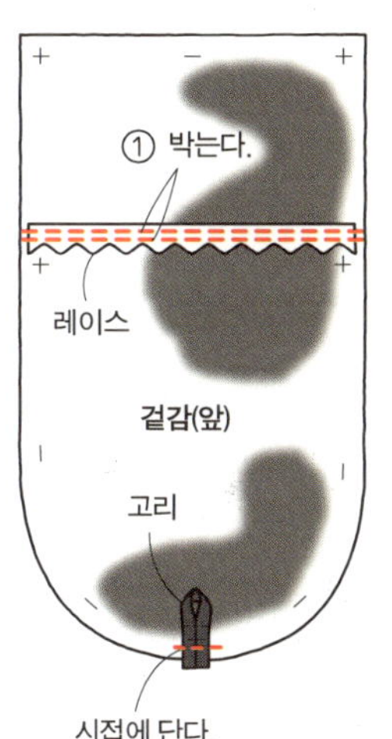

2 입구를 박는다.

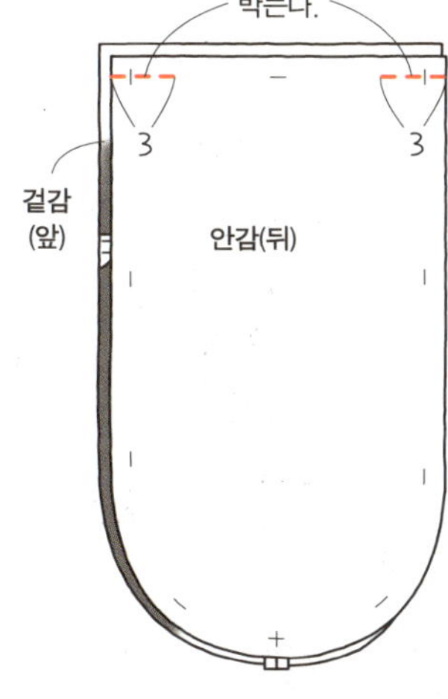

3 천을 뒤집고서 뚜껑을 다시 뒤집어 옆선을 따라 봉합한다.

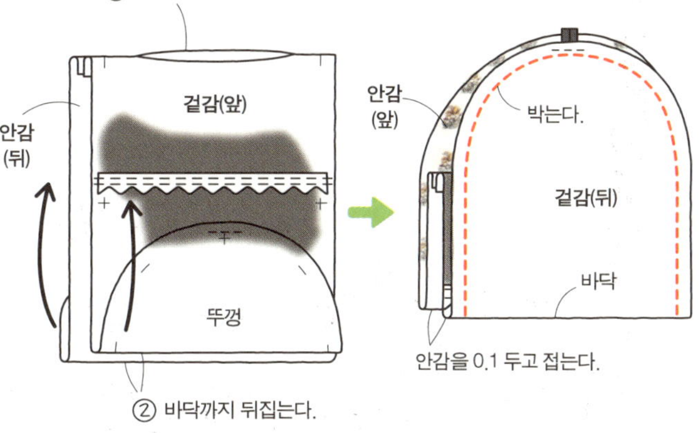

4 바깥쪽으로 뒤집고 단추를 단다.

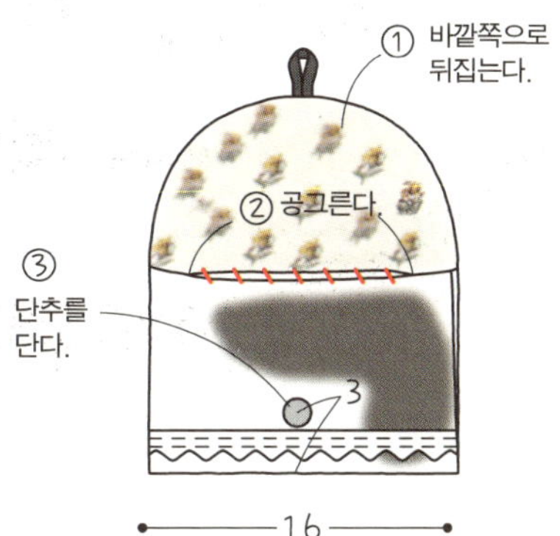

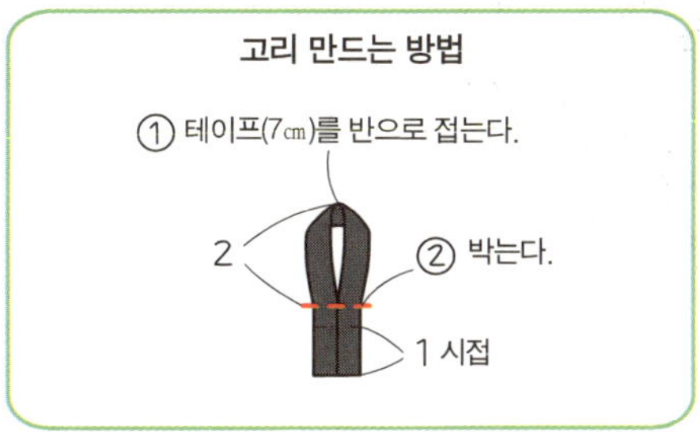

만든 이 : 기요노 다카코

마름질하기

본체(겉감·안감 각 1장)

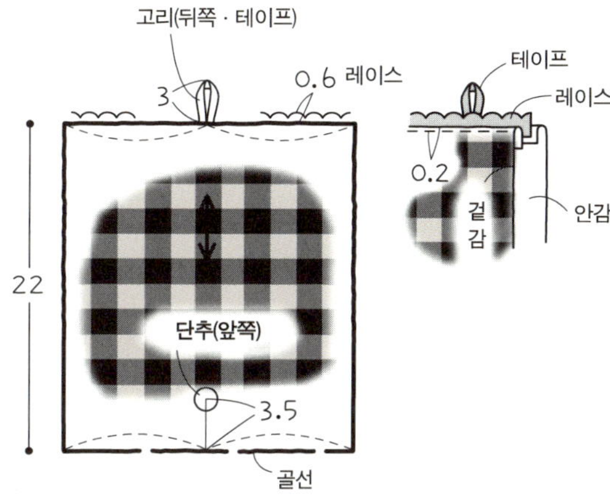

만드는 방법

1 겉감, 안감의 옆선을 박는다.

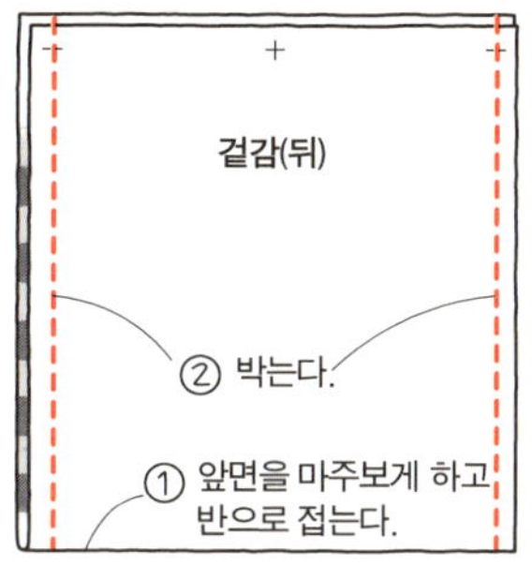

2 겉감에 레이스와 고리를 단다.

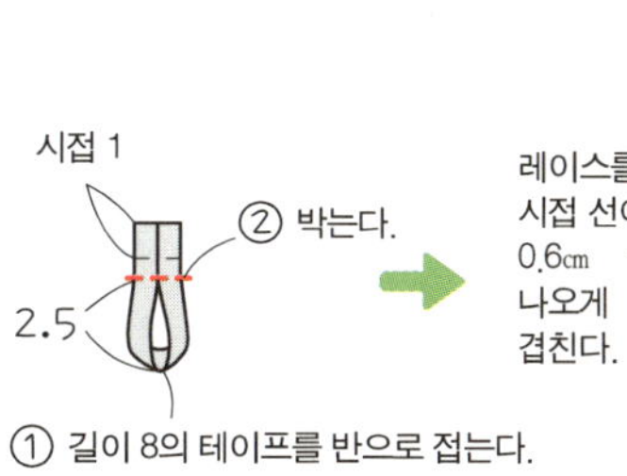

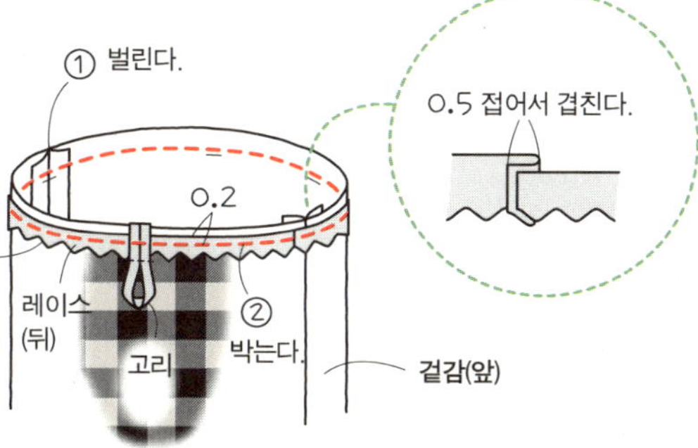

3 겉감과 안감을 봉합한다.

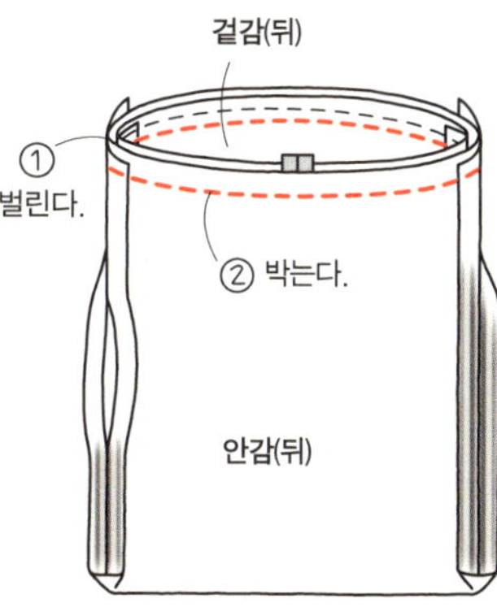

4 바깥쪽으로 뒤집는다.

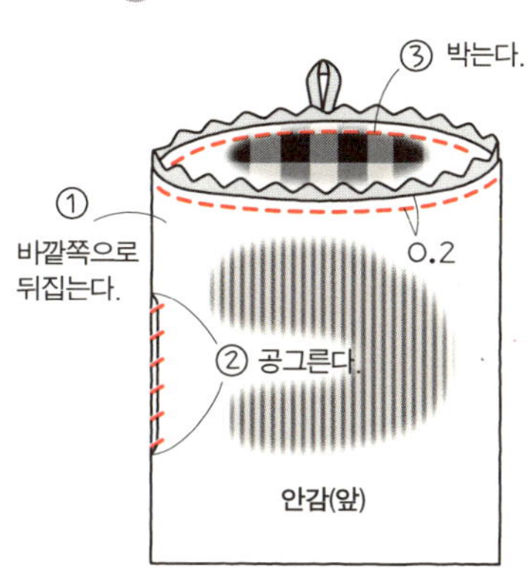

완성

작품 2

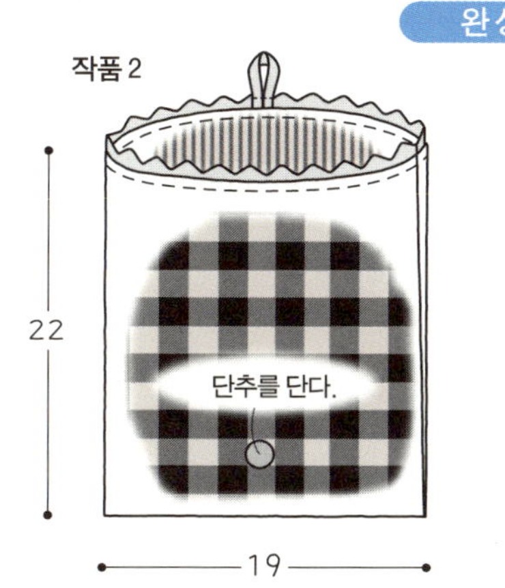

작품 1

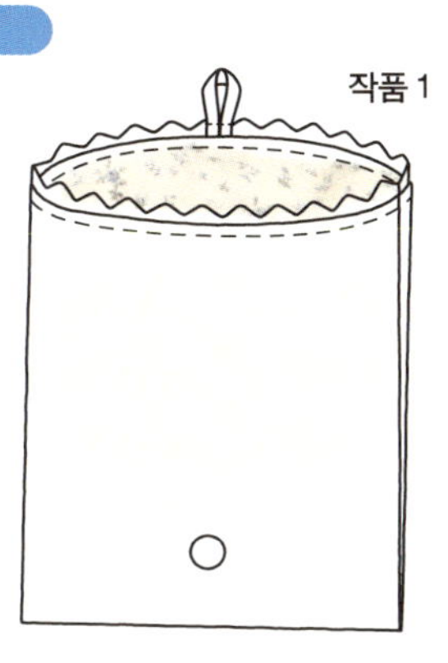

만든 이 : 후쿠다 미호

마름질하기

바이어스 천(배합 천 1장)

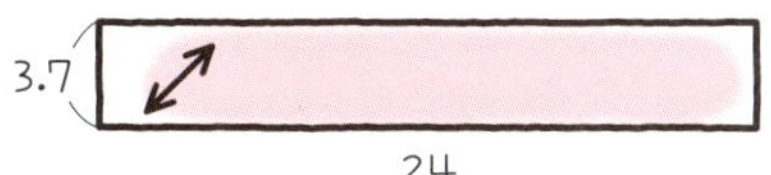

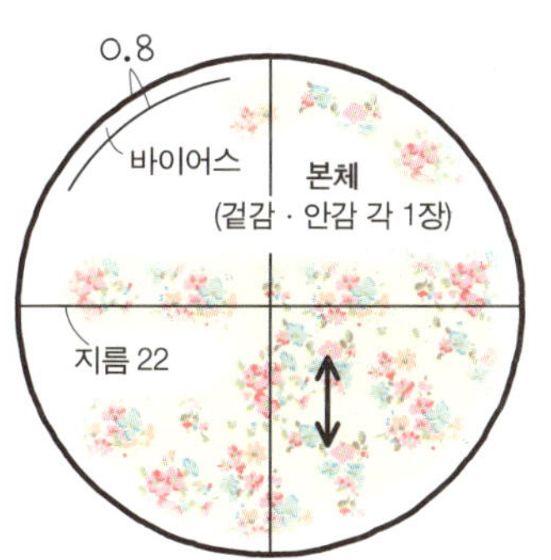

바이어스 천 만드는 방법

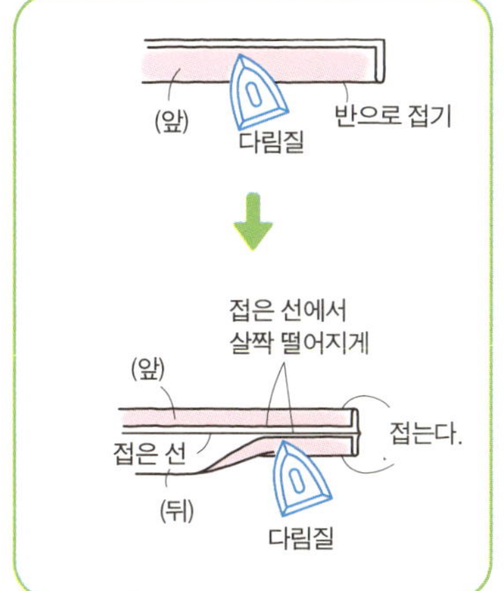

1 겉감과 안감을 겹쳐놓고 박은 다음 주름을 잡는다.

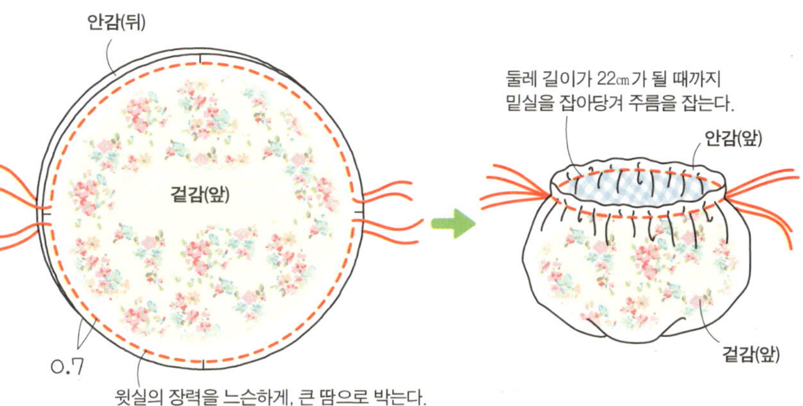

2 입구를 바이어스로 처리한다.

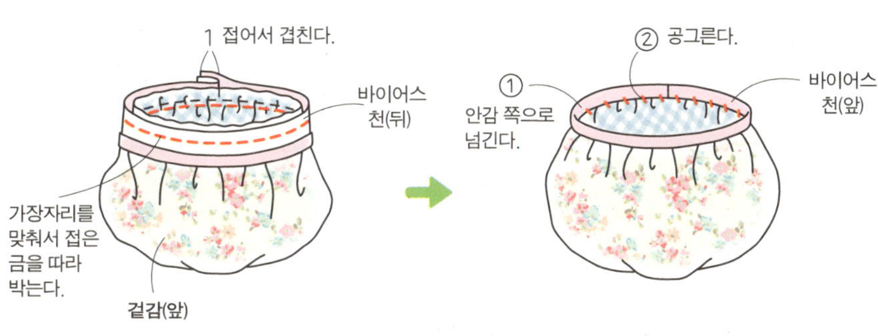

3 지퍼를 단다.

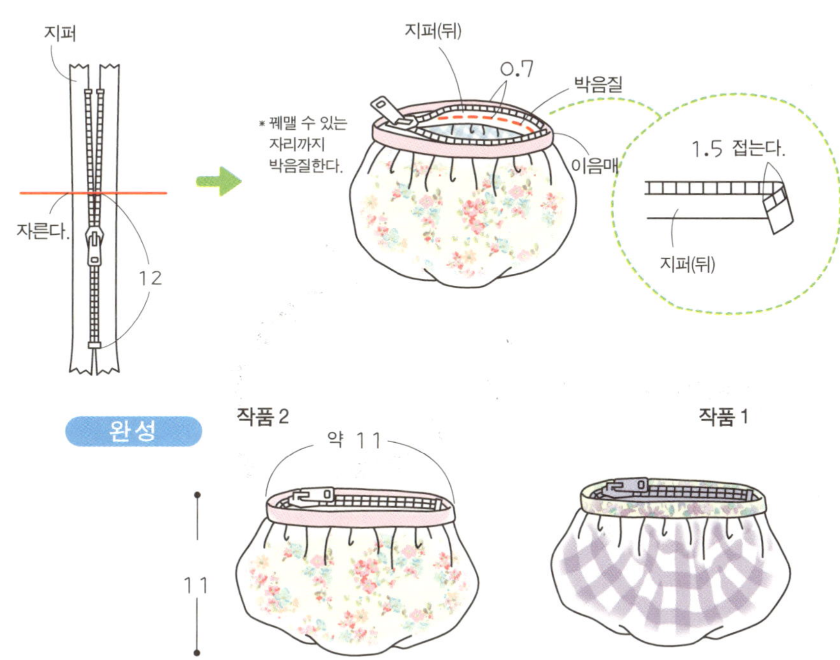

귀여운 꽃 장식
동전 지갑

천을 잘라서 그대로 꽃잎을 만들어 자수실로 한 땀 한 땀 붙여놓은 귀여운 동전
지갑이에요. 꽃술 부분에 작은 단추를 달았어요.

만든 이 : 니시무라 아키코

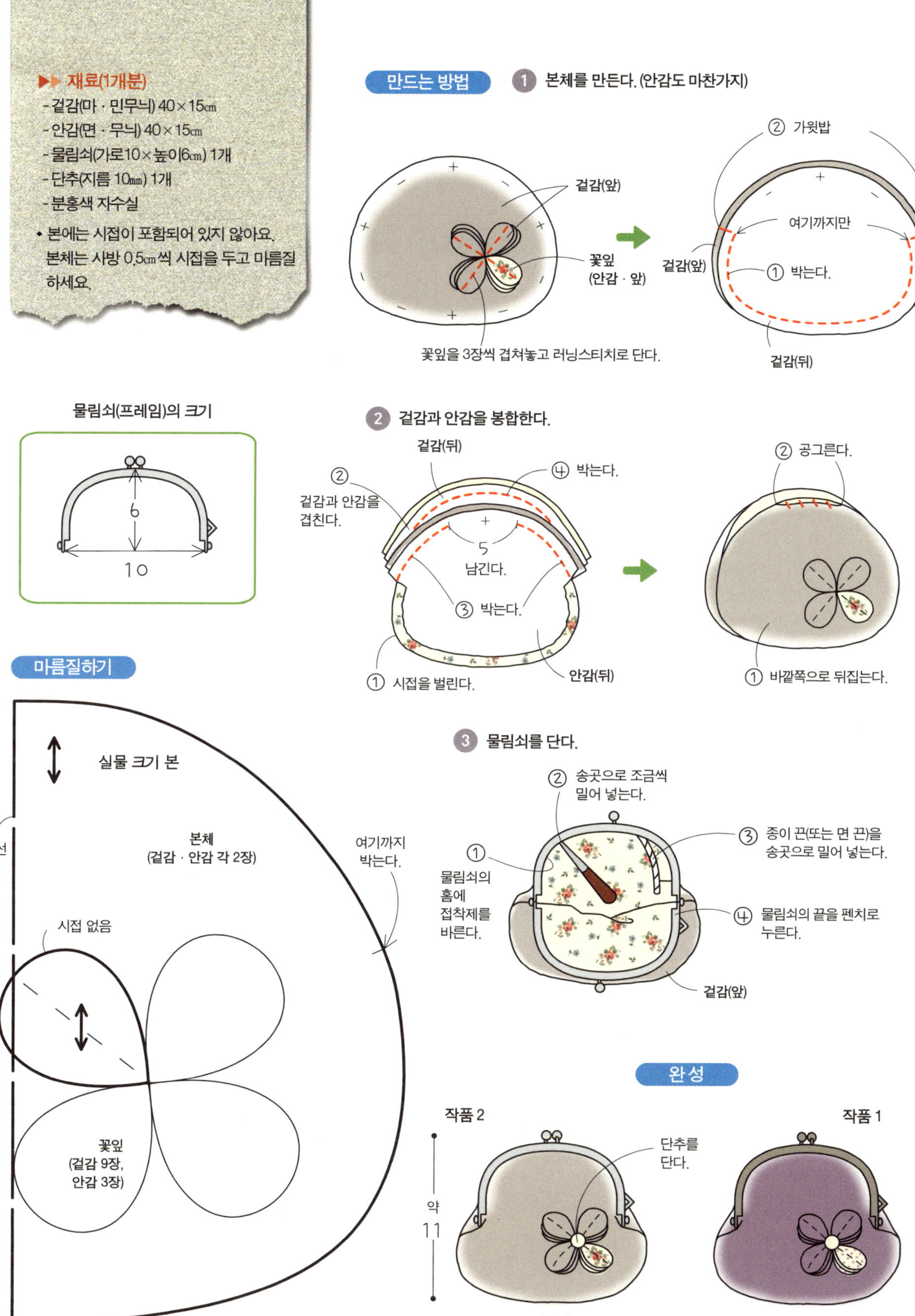

▶▶ 재료(1개분)
- 겉감(마 · 민무늬) 40×15㎝
- 안감(면 · 무늬) 40×15㎝
- 물림쇠(가로10×높이6㎝) 1개
- 단추(지름 10㎜) 1개
- 분홍색 지수실
• 본에는 시접이 포함되어 있지 않아요.
  본체는 사방 0.5㎝씩 시접을 두고 마름질
  하세요.

물림쇠(프레임)의 크기
6
10

마름질하기

실물 크기 본
골선
본체
(겉감 · 안감 각 2장)
여기까지
박는다.
시접 없음
꽃잎
(겉감 9장,
 안감 3장)

만드는 방법
1 본체를 만든다. (안감도 마찬가지)
② 가윗밥
겉감(앞)
꽃잎
(안감 · 앞)
여기까지만
겉감(앞)
① 박는다.
겉감(뒤)
꽃잎을 3장씩 겹쳐놓고 러닝스티치로 단다.

2 겉감과 안감을 봉합한다.
겉감(뒤)
②
겉감과 안감을
겹친다.
④ 박는다.
5
남긴다.
③ 박는다.
① 시접을 벌린다.
안감(뒤)
② 공그른다.
① 바깥쪽으로 뒤집는다.

3 물림쇠를 단다.
② 송곳으로 조금씩
  밀어 넣는다.
①
물림쇠의
홈에
접착제를
바른다.
③ 종이 끈(또는 면 끈)을
  송곳으로 밀어 넣는다.
④ 물림쇠의 끝을 펜치로
  누른다.
겉감(앞)

완성
작품 2
단추를
단다.
작품 1
약
11
약13

요요 장식
포인트 주머니

주머니 입구와 요요 퀼트에 날염한 꽃무늬 천을 사용한 귀여운 주머니예요.
작은 물건을 넣기에 안성맞춤이지요. 하나쯤 있으면 아주 유용합니다.

만든 이 : 나루시마 마사미

▶▶ 재료(1개분)
- 겉감 40×20㎝
  (작품 1은 면 레이스,
   작품 2는 마 · 민무늬)
- 배합 천 40×20㎝ (면 · 꽃무늬)
- 테이프 폭 10㎜ 길이 1m

• 〈마름질하기〉에는 시접이 포함되어 있
  지 않아요. 요요 퀼트 외에는 사방 1㎝
  씩 시접을 두고 마름질하세요.
• 원의 실물 크기 본은 104쪽을 참조하
  세요.

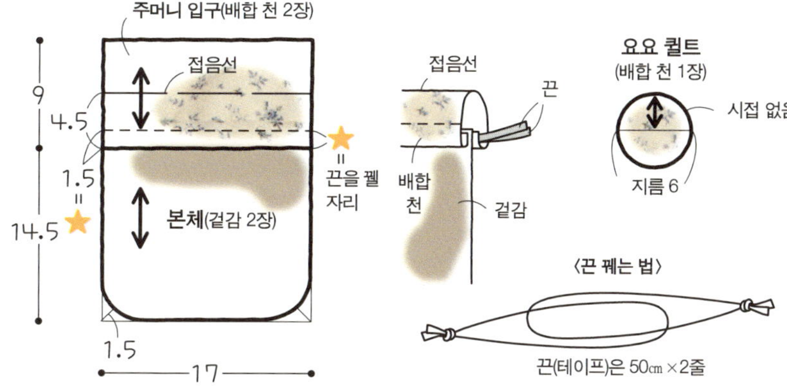

만드는 방법

① 본체, 주머니 입구를 박는다.

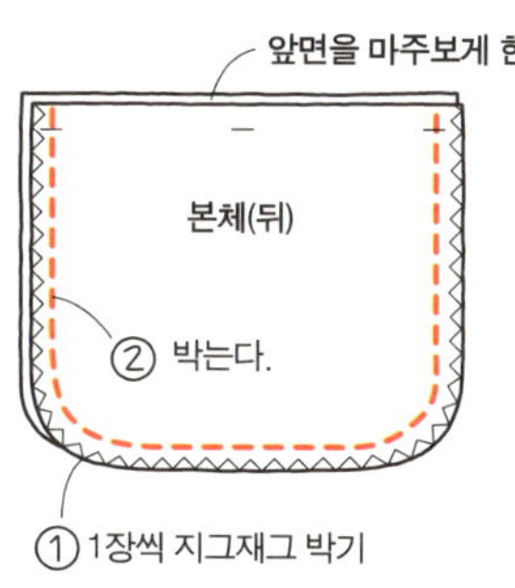

② 본체와 주머니 입구를 봉합한다.

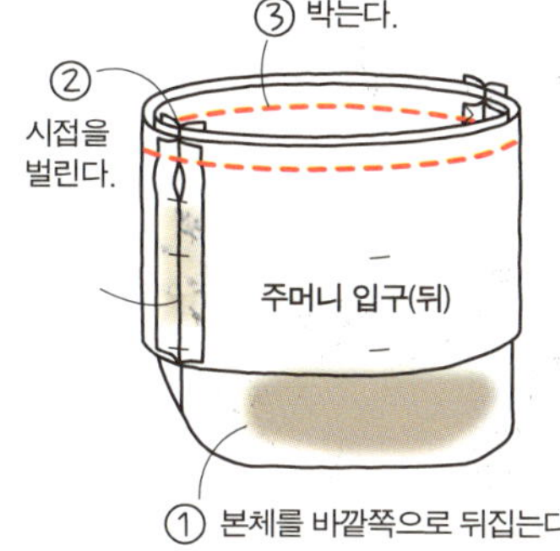

③ 요요 퀼트를 만들어
   붙이고 끈도 꿴다.

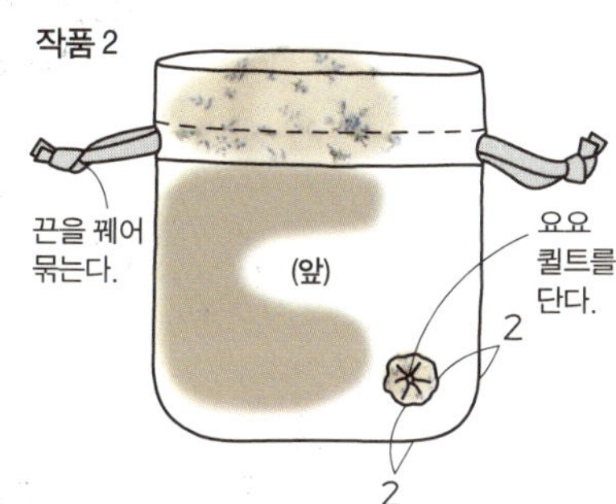

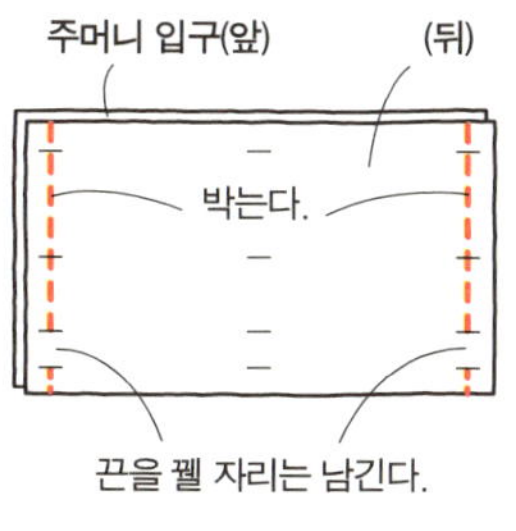

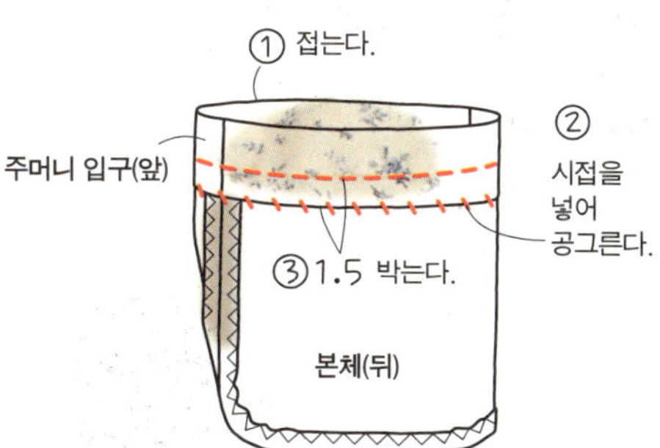

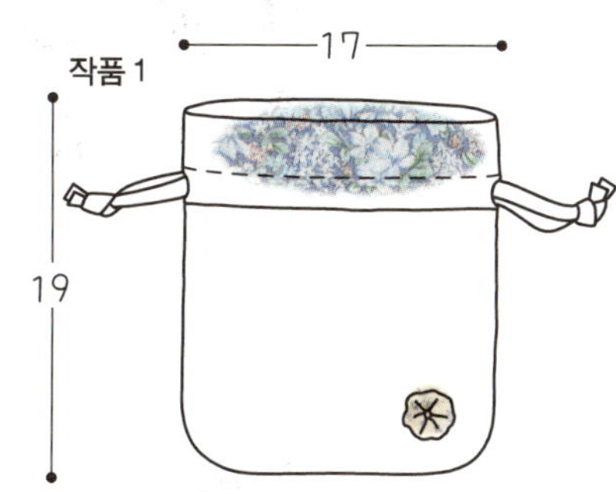

＊요요 퀼트 만드는 방법

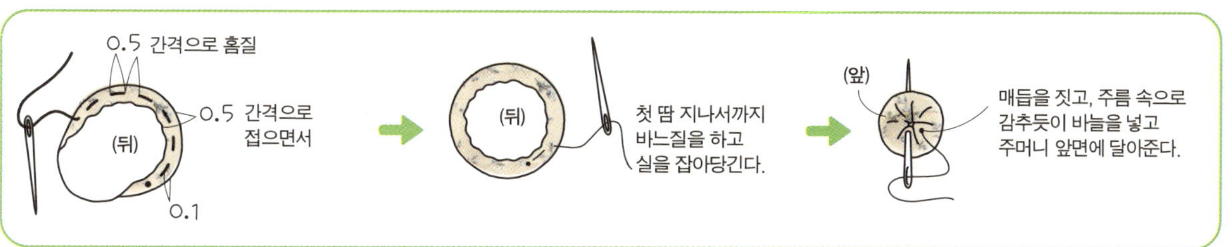

바닥이 둥근
깜찍한 주머니

민무늬와 격자무늬 천을 배합해서 만든 바닥이 둥근 주머니예요.
입구를 여미는 끈은 묶어도 되고, 손에 걸 수도 있어요.

만든 이 : 나루시마 마사미

마름질하기

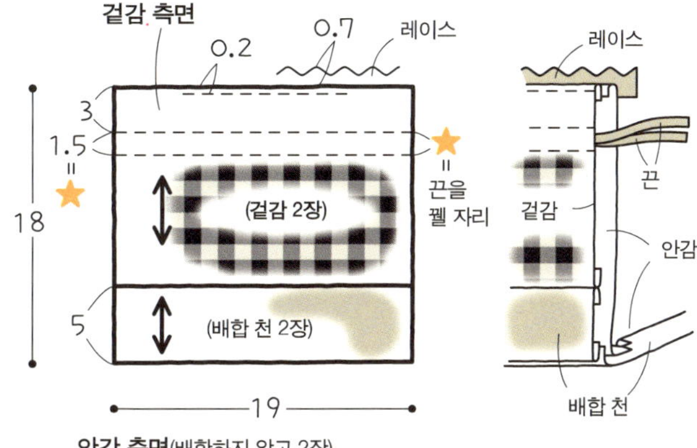

안감 측면(배합하지 않고 2장)

바닥(배합 천 · 안감 각 1장)

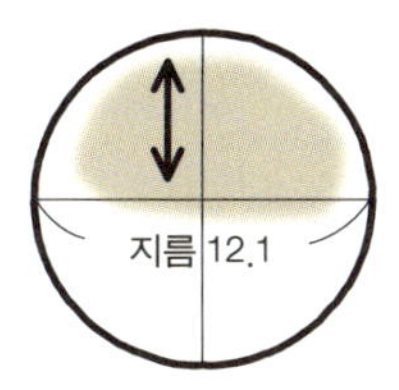

〈끈 꿰는 법〉

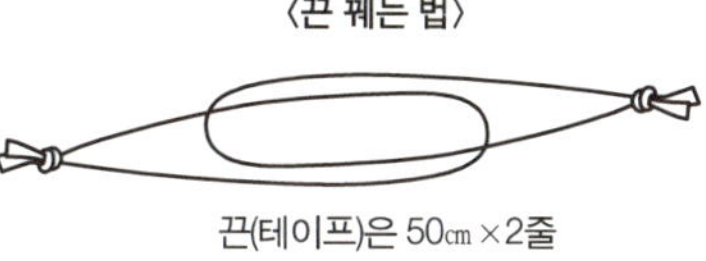

만드는 방법

1 배합 천을 이어 붙여
   본체의 측면을 만든다.

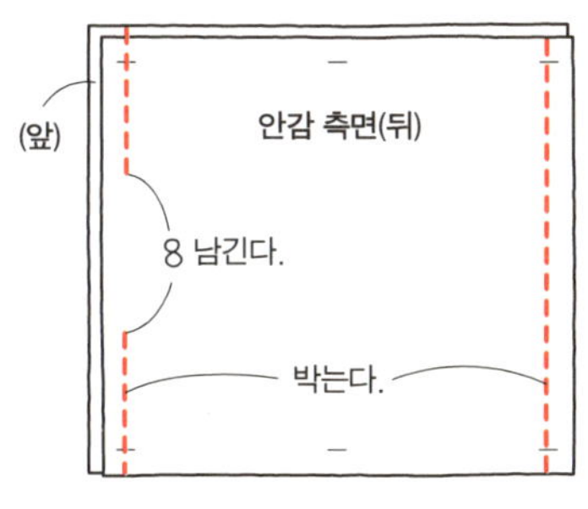

2 안감 측면을 박는다.

3 겉감 측면과 바닥을 봉합한다.
   (안감 측면과 바닥도 마찬가지)

4 겉감 측면과 안감 측면을
   봉합한다.

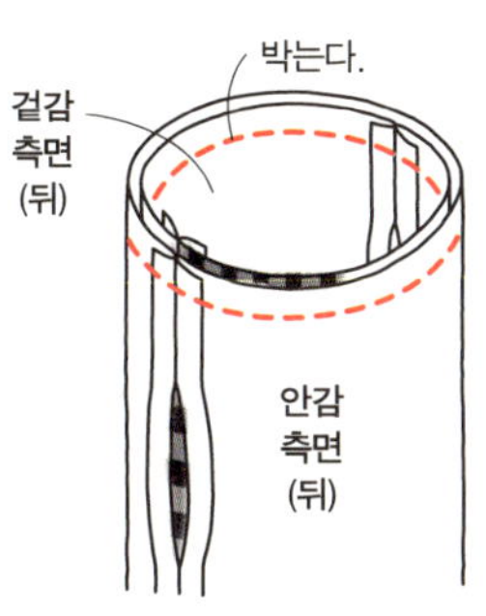

5 레이스를 단다.

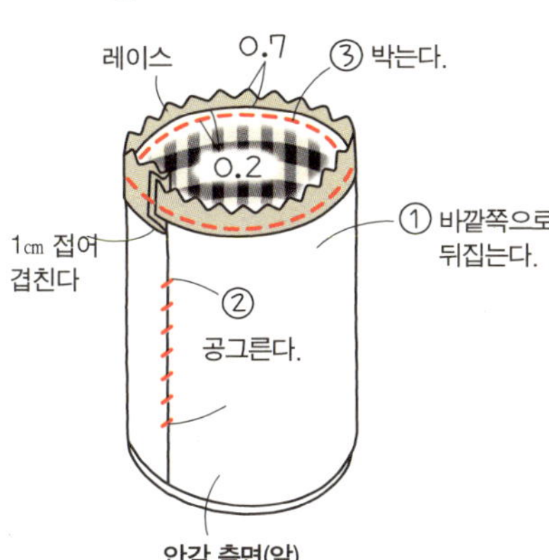

6 끈을 꿴다.

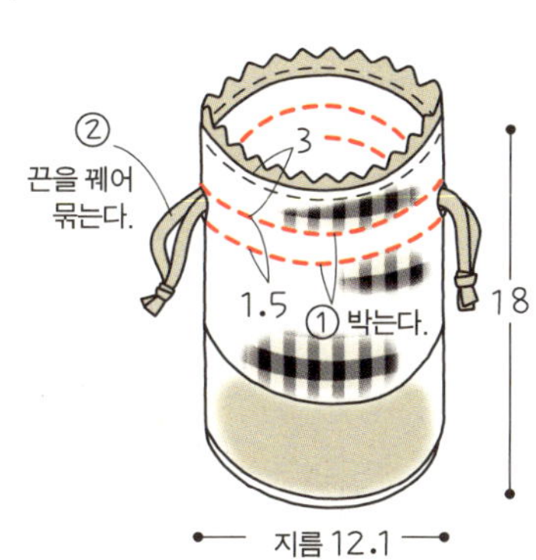

가방 안에 쏘옥
케이스 세트

꽃무늬 카드 케이스(작품 1), 레이스로 입구를 장식한 티슈 케이스(작품 2),
손잡이가 있어서 편리한 카메라 케이스(작품 3) 세트입니다.
가방 속을 화사한 보라색으로 꾸며보세요.

1

2

3

만든 이 : 후쿠오카 미호

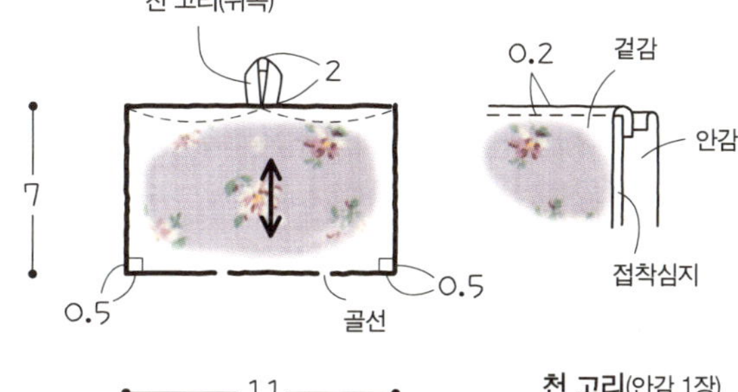

1 접착심지를 붙이고 겉감 본체, 안감 본체의 옆선을 박는다.

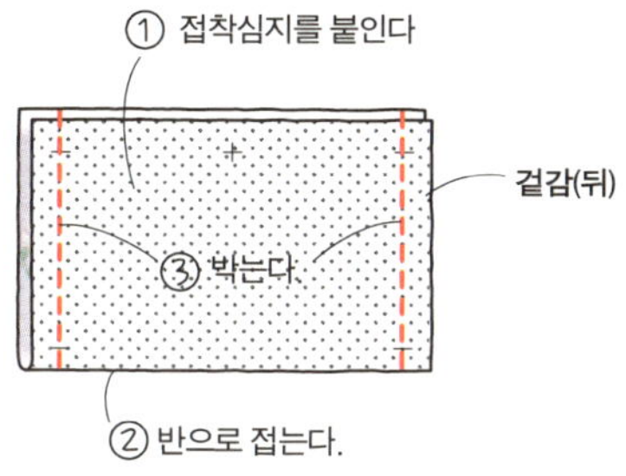

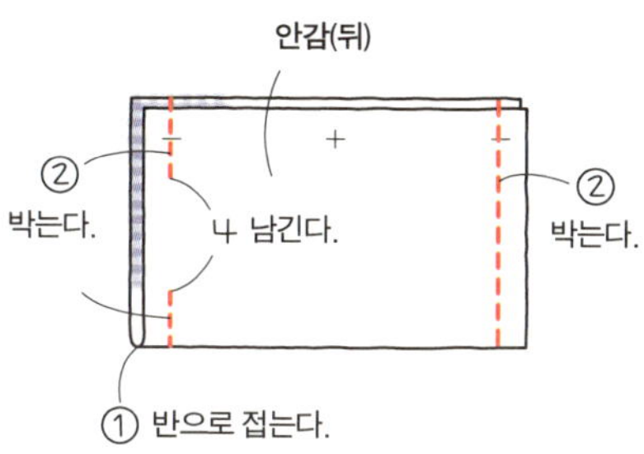

2 바닥의 폭이 될 부분을 박는다.
(안감도 마찬가지)

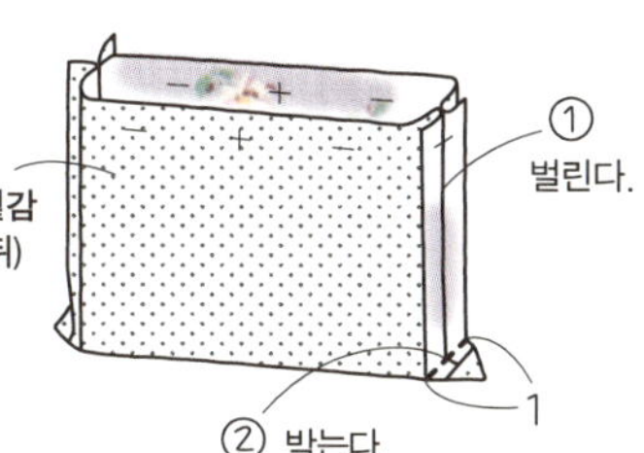

3 천 고리를 만들어 단다.

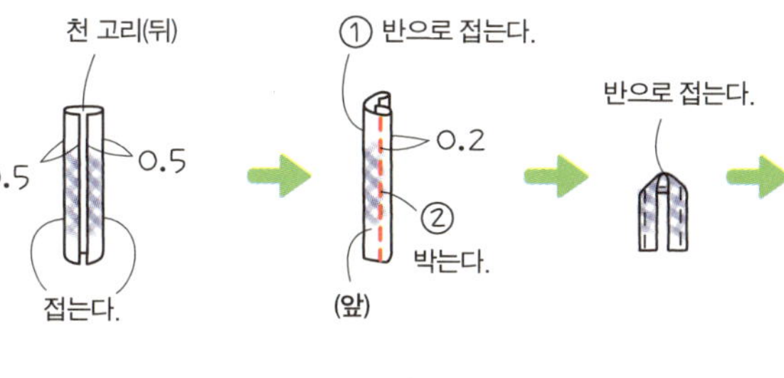

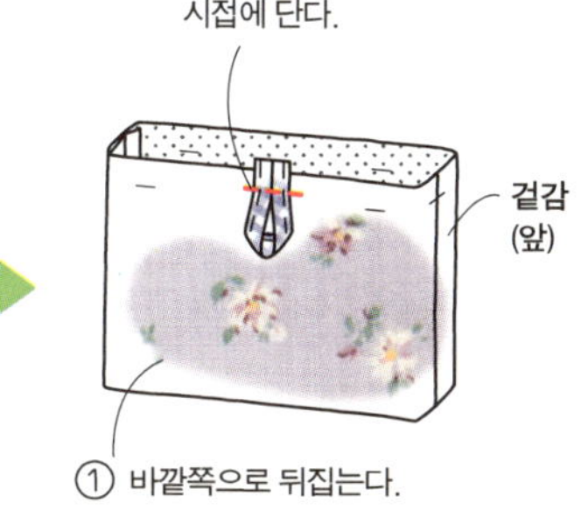

4 겉감 본체와 안감 본체를 봉합하여 바깥쪽으로 뒤집는다.

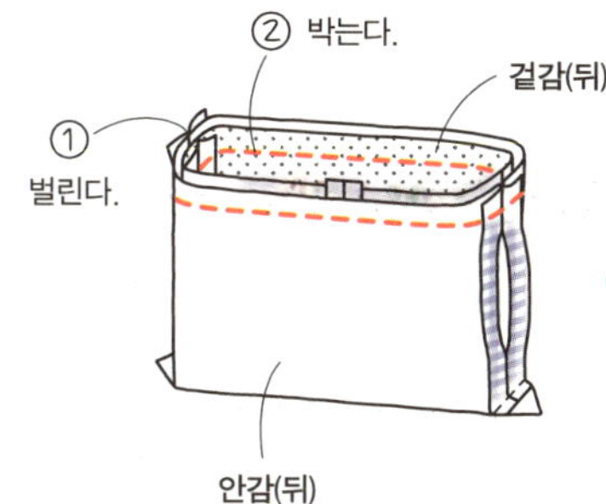

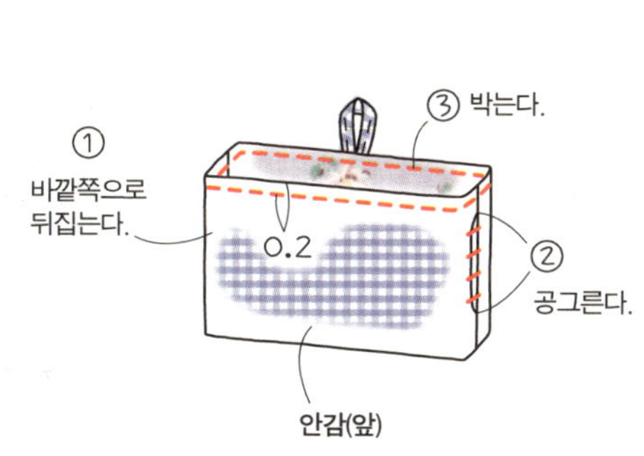

작품 2 마름질하기

본체(겉감 1장)

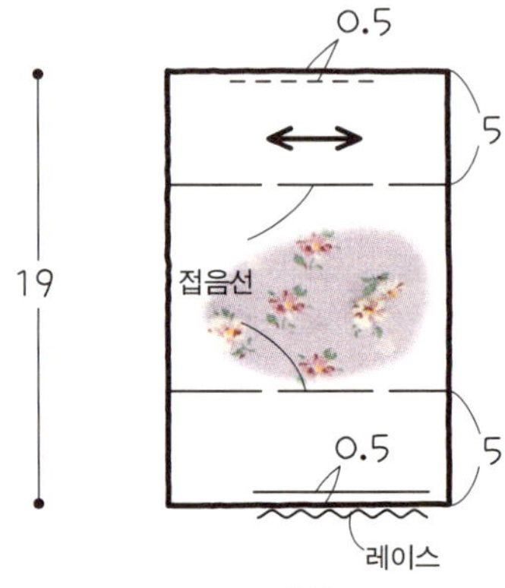

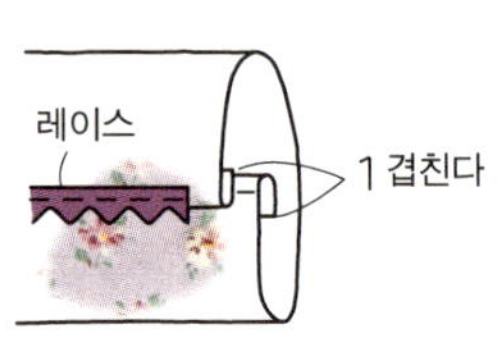

작품 2 만드는 방법

① 입구를 박는다.

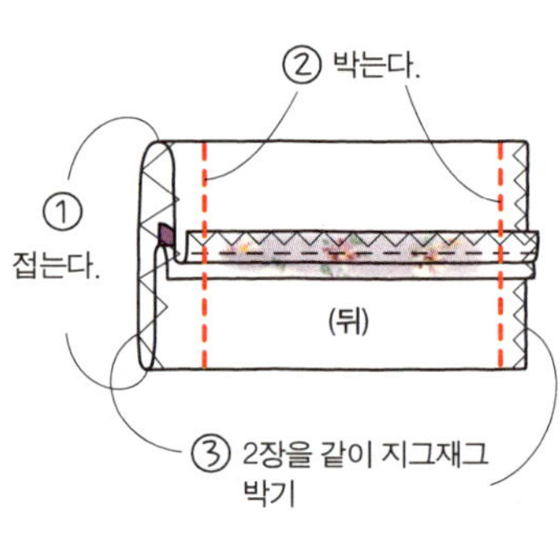

② 양쪽 옆을 박는다.

③ 바깥쪽으로 뒤집는다.

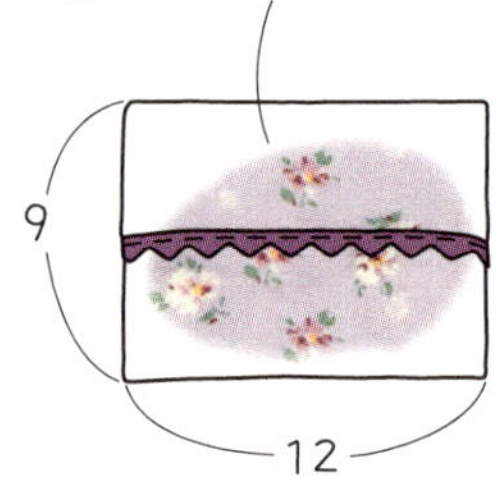

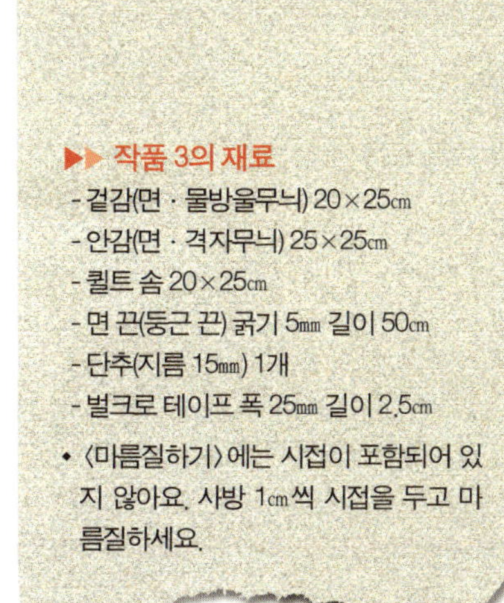

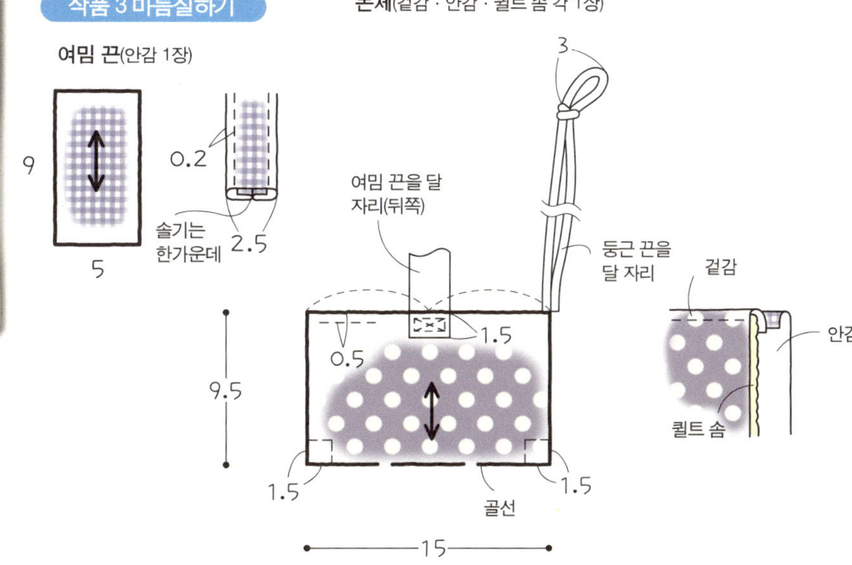

▶▶ 작품 3의 재료

- 겉감(면 · 물방울무늬) 20×25㎝
- 안감(면 · 격자무늬) 25×25㎝
- 퀼트 솜 20×25㎝
- 면 끈(둥근 끈) 굵기 5㎜ 길이 50㎝
- 단추(지름 15㎜) 1개
- 벨크로 테이프 폭 25㎜ 길이 2.5㎝

• 〈마름질하기〉에는 시접이 포함되어 있지 않아요. 사방 1㎝씩 시접을 두고 마름질하세요.

작품 3 마름질하기

여밈 끈(안감 1장)

본체(겉감 · 안감 · 퀼트 솜 각 1장)

작품 3 만드는 방법

1 겉감과 안감의 옆선을 박는다.

2 옆선 아래를 박아 바닥 폭을 만든다.(안감도 마찬가지)

3 겉감과 안감을 봉합한다.

4 여밈 끈을 만든다.

5 창구멍을 공그르고 여밈 끈을 단다.

완성

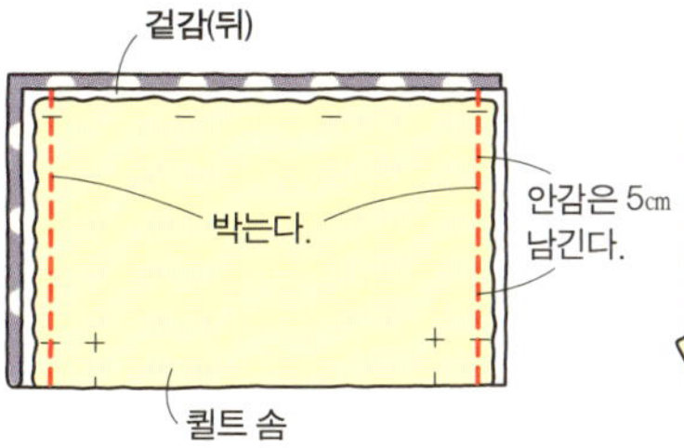

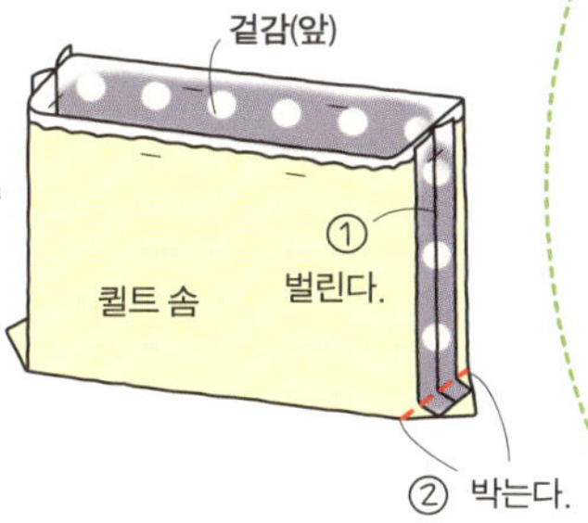

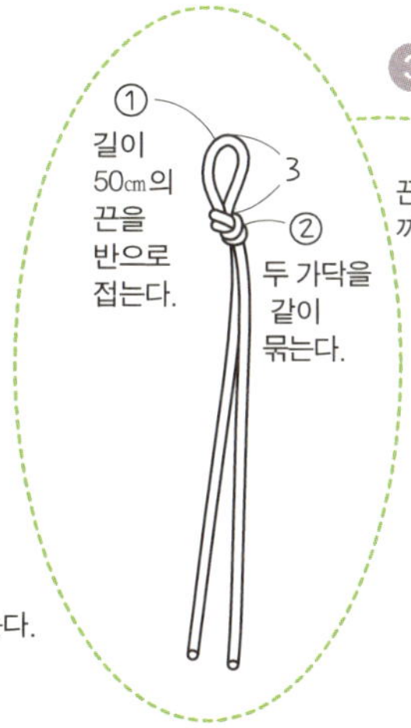

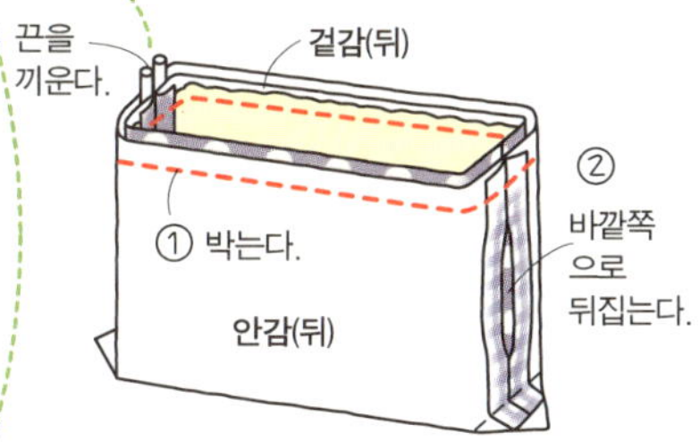

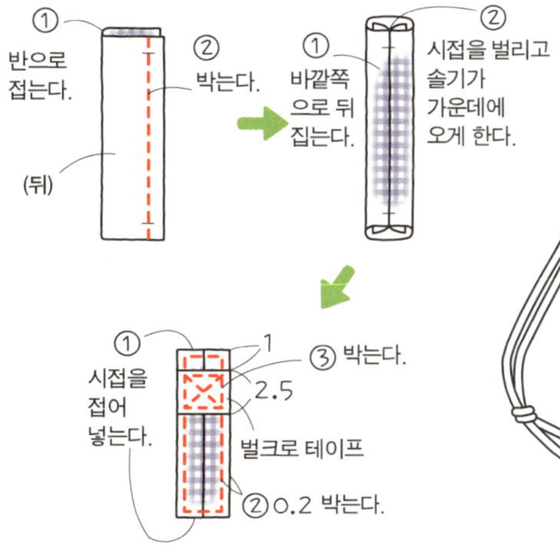

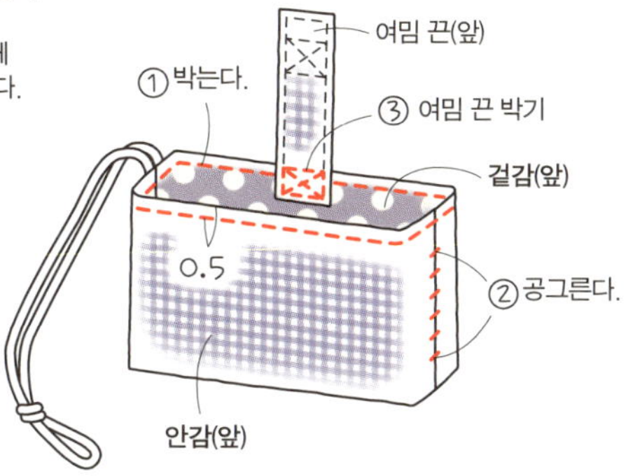

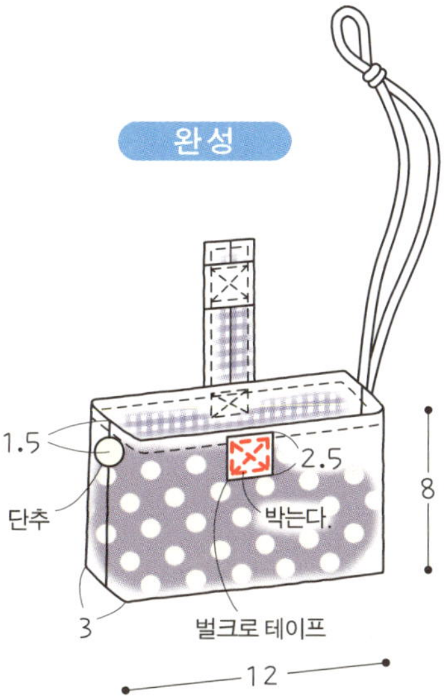

만든 이 : 나루시마 마사미(작품 1), 니시무라 아키코(작품 2)

▶▶ 작품 1의 재료
- A천(마·민무늬) 40×15㎝
- B천(면·꽃무늬) 30×15㎝
- 레이스 폭 10㎜ 길이 15㎝

▶▶ 작품 2의 재료
- A천(면·물방울무늬) 40×15㎝
- B천(면·격자무늬) 25×15㎝
- C천(마·꽃무늬) 5×15㎝

• 〈마름질하기〉에는 시접이 포함되어 있지 않아요. 사방 1㎝씩 시접을 두고 마름질하세요.

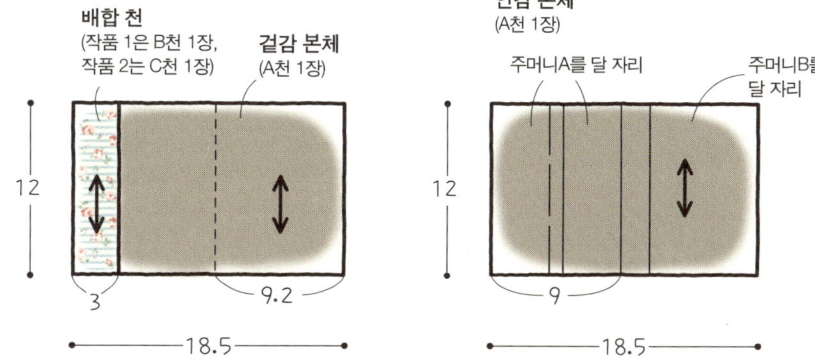

1 겉감 본체의 배합 천을 이어 박는다.

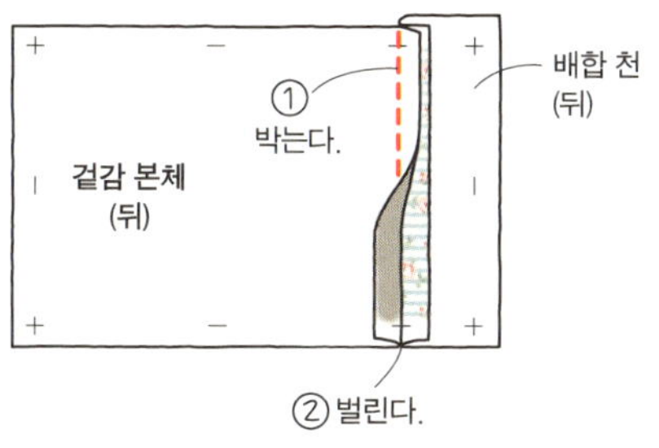

주머니A(B천 2장)   주머니B(B천 1장)

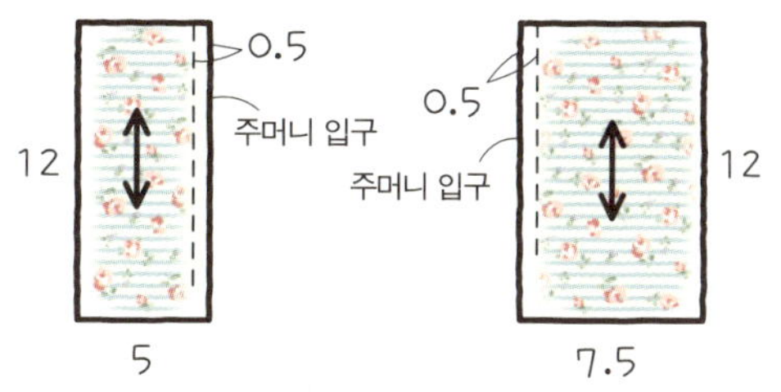

2 각 주머니의 입구 시접을 안으로 접어 박고, 안감 본체에 주머니를 단다.

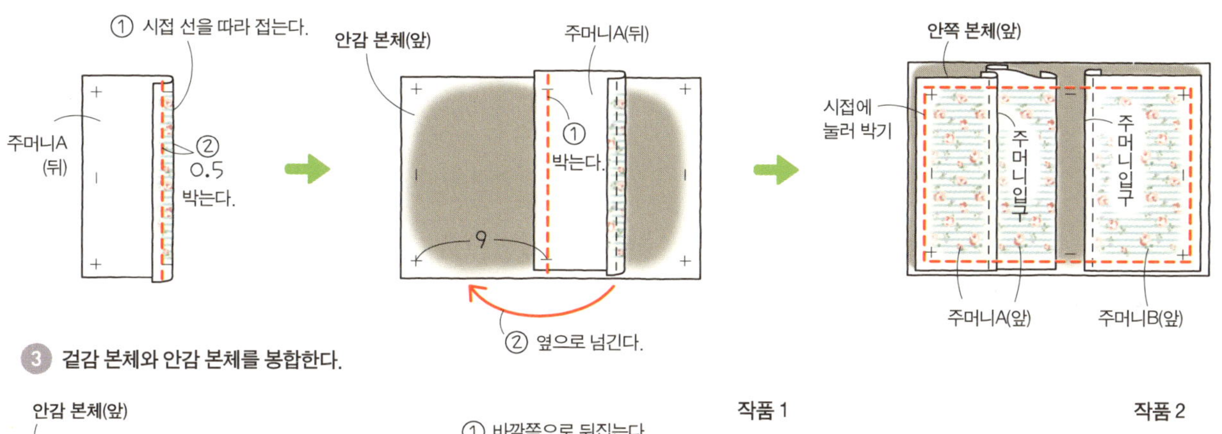

3 겉감 본체와 안감 본체를 봉합한다.

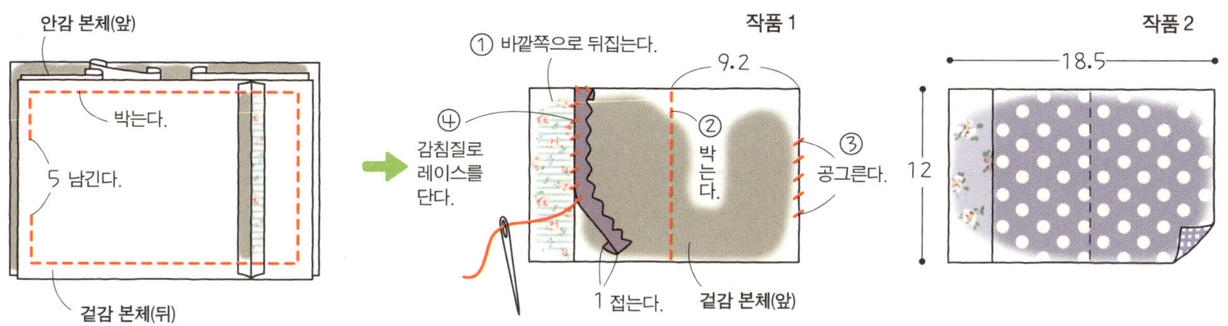

러블리 티슈 케이스

가방 안에 넣고 다니면서 꺼내 쓸 때마다 기분 좋아지는 티슈 케이스입니다.
입구를 레이스로 장식했고, 작품 2는 양 옆을 바이어스로 처리해 장식했어요.

만든 이 : 나루시마 마사미

본체(겉감 1장)

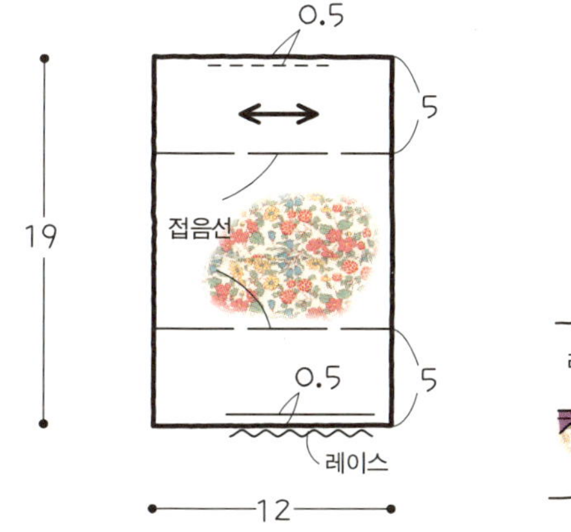

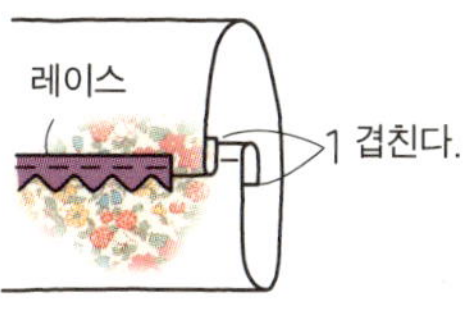

① 입구를 박는다.

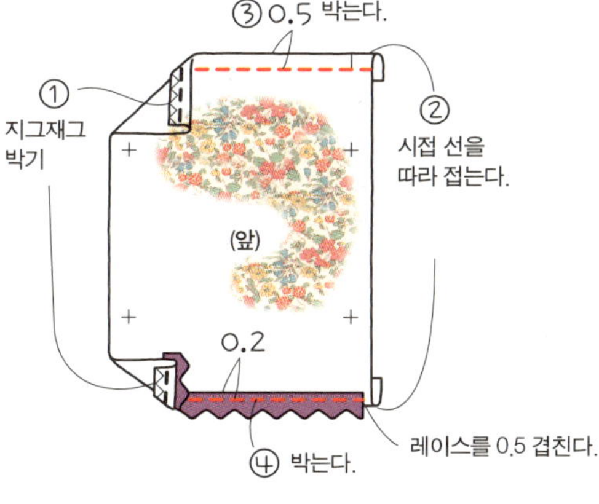

② 양쪽 옆을 박고 바깥쪽으로 뒤집는다.

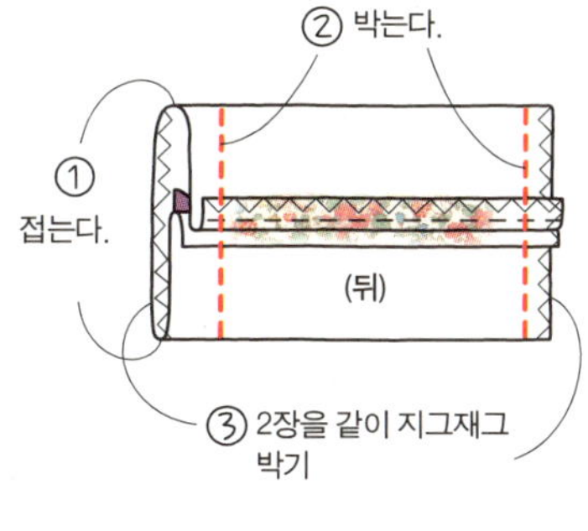

① 입구를 박는다.

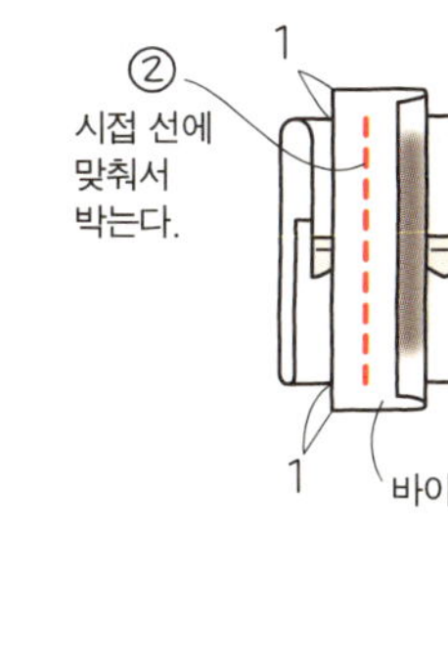

② 양쪽 옆에 바이어스를 댄다.

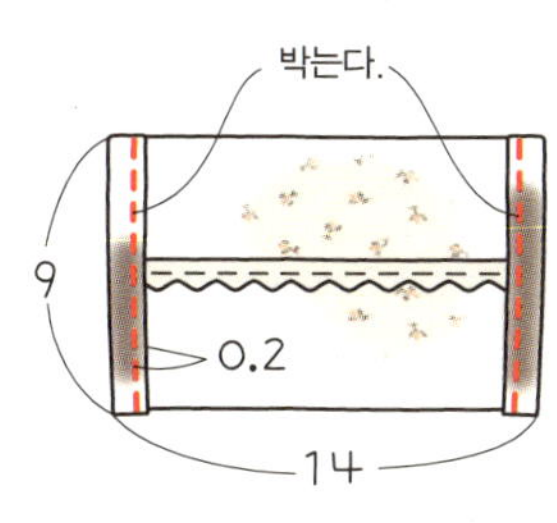

심플 필통

부피도 크지 않고 지퍼를 달아 쓰기 편한 필통이에요.
양쪽에 안감으로 만든 손잡이를 달아서 지퍼를 열고 닫기 아주 편합니다.

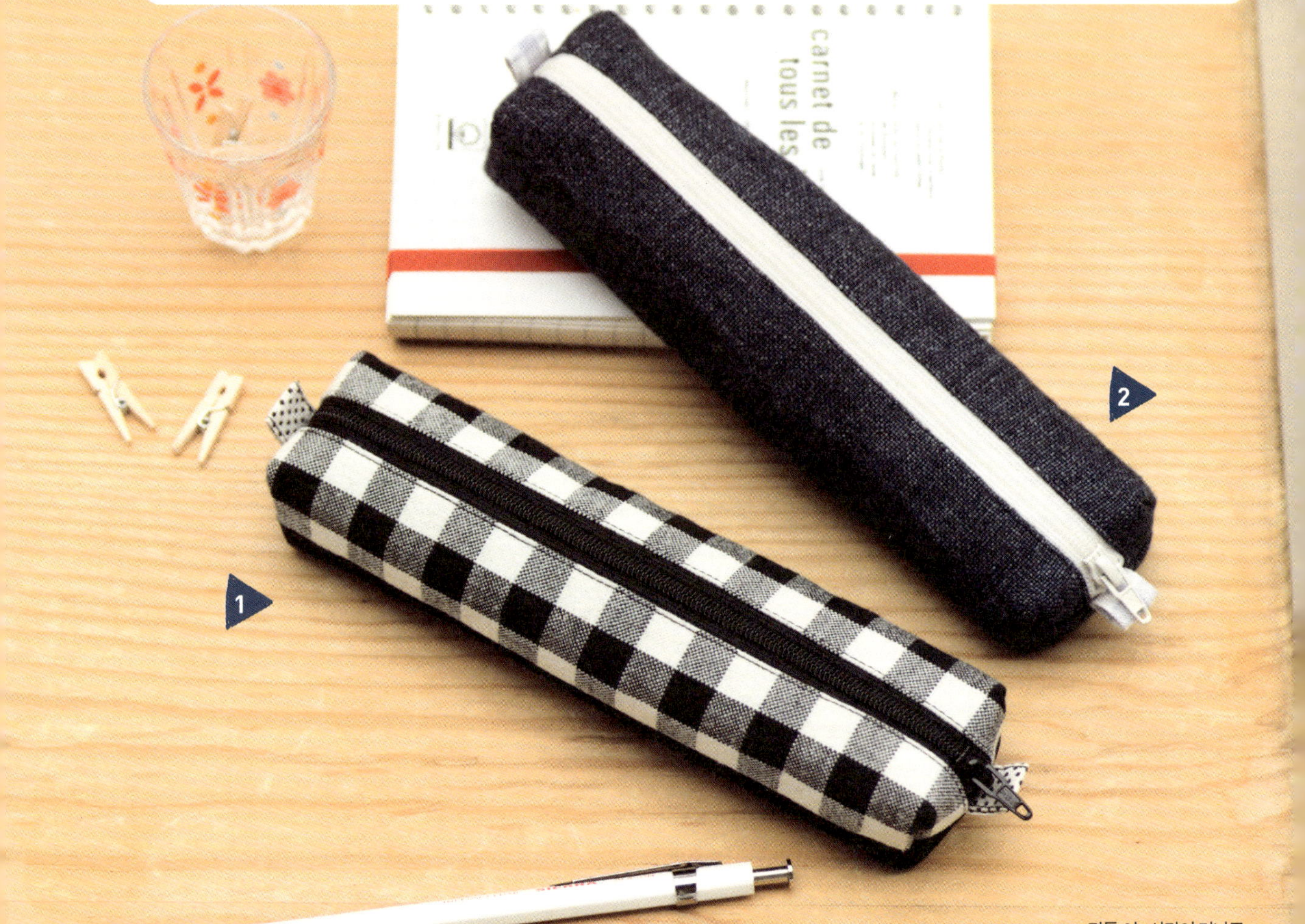

만든 이 : 사카이 미나코

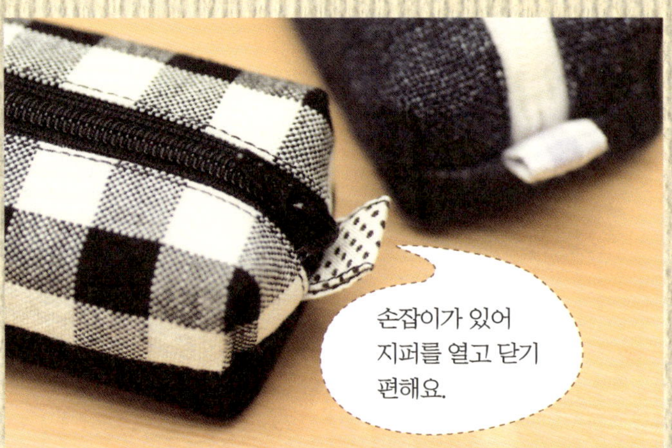

▶▶ 작품 1의 재료
- 겉감(면 · 격자무늬) 25×10㎝
- 배합 천(마 · 민무늬) 25×10㎝
- 안감(면 · 물방울무늬) 30×15㎝
- 지퍼 20㎝ 1개

▶▶ 작품 2의 재료
- 겉감(면 · 민무늬) 25×20㎝
- 안감(면 · 격자무늬) 30×15㎝
- 지퍼 20㎝ 1개

• 〈마름질하기〉에는 시접이 포함되어 있지 않아요. 태브 외에는 사방 1㎝씩 시접을 두고 마름질하세요.

 작품 1

걸감 본체
안감 본체(배합 천 없이 1장으로)

작품 2

걸감 본체(걸감 2장)
안감 본체(안감 1장)

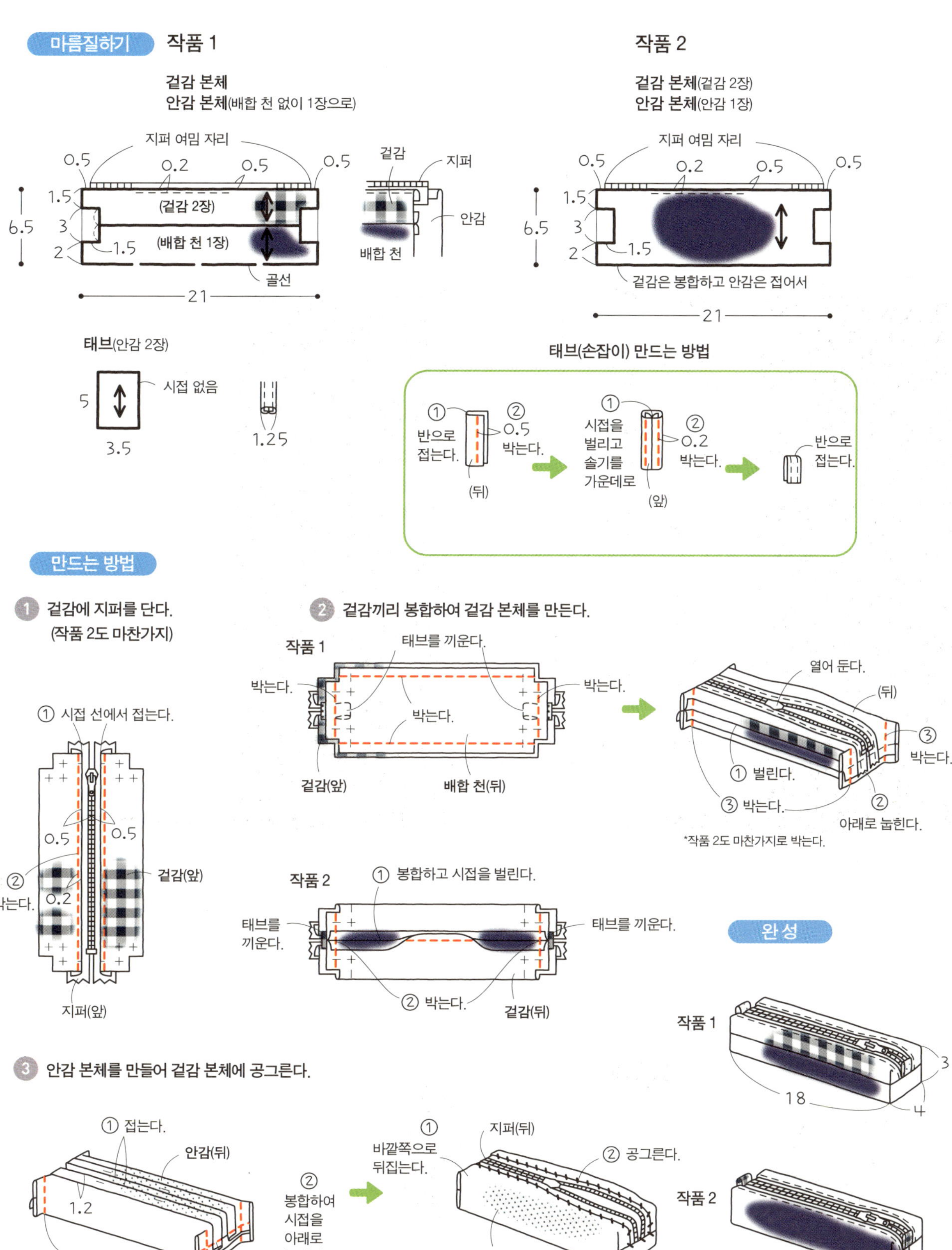

심플 북커버

앞에서 소개한 심플 필통과 같은 천으로 만든 북커버예요.
납작 끈으로 갈피끈을 만들고, 그 끝에 안감으로 만든 장식을 필통과
잘 어울리는 소품으로 달아 실용성을 높였어요.

1

2

만든 이 : 사카이 미나코

▶▶ 재료(1개분)
- A천 30×20㎝ (작품 1은 면 · 격자무늬, 작품 2는 면 · 꽃무늬)
- B천 15×20㎝ (작품 1은 마 · 민무늬, 작품 2는 면 · 민무늬)
- 안감 35×20㎝ (작품 1은 면 · 물방울무늬, 작품 2는 면 · 격자무늬)
- 테이프A 폭 4㎜ 길이 25㎝
- 테이프B 폭 19㎜ 길이 20㎝

• 〈마름질하기〉에는 시접이 포함되어 있지 않아요. 장식 외에는 사방 1㎝씩 시접을 두고 마름질하세요.

마름질하기

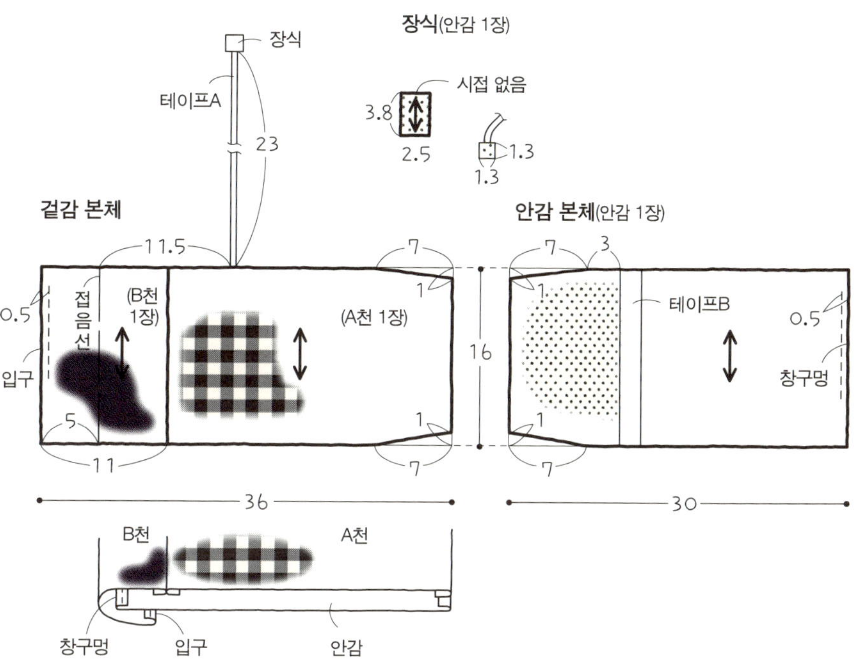

만드는 방법

1 입구와 창구멍을 박고 배합 천을 이어 박는다.

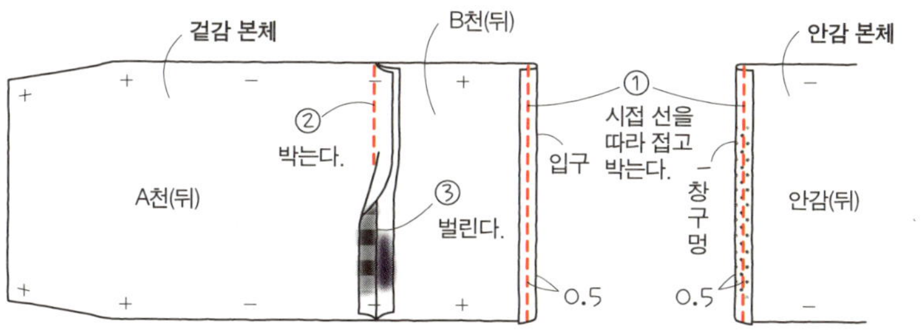

2 겉감 본체와 안감 본체를 봉합한다.

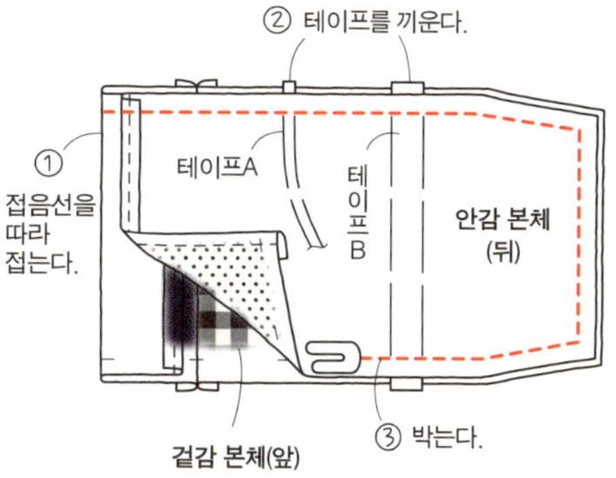

3 바깥쪽으로 천을 뒤집고 장식을 만들어 단다.

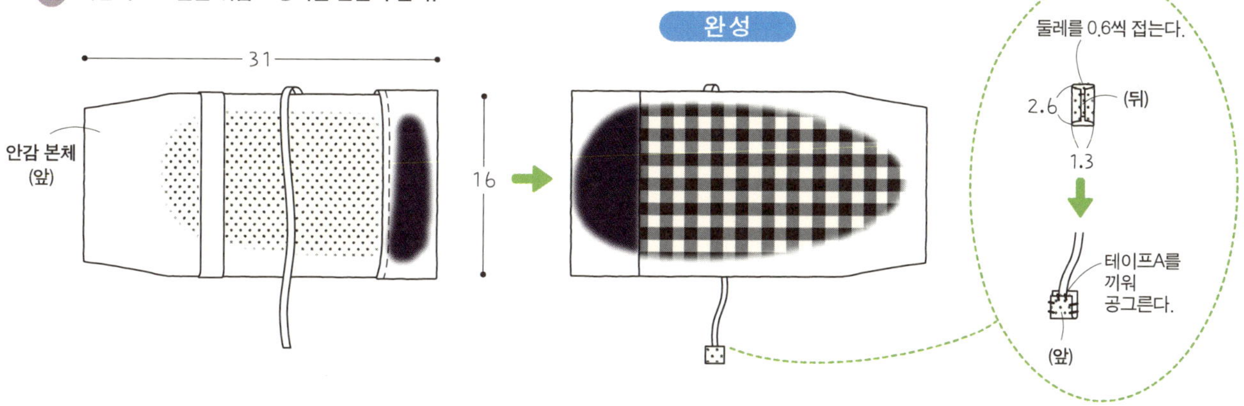

만든 이 : 쇼지 기요미

- A천(면 · 격자무늬) 30×25㎝
- B천(면 · 줄무늬) 30×20㎝
- C천(마 · 민무늬) 30×25㎝
- 레이스 폭 14㎜ 길이 55㎝
- 둥근 끈(굵기 4㎜) 1m 30㎝

• 〈마름질하기〉에는 시접이 포함되어 있지 않아요. 방울용 천 외에는 사방 1㎝씩 시접을 두고 마름질하세요.

• 원의 실물 크기 본은 104쪽을 참조하세요.

작품 1 마름질하기

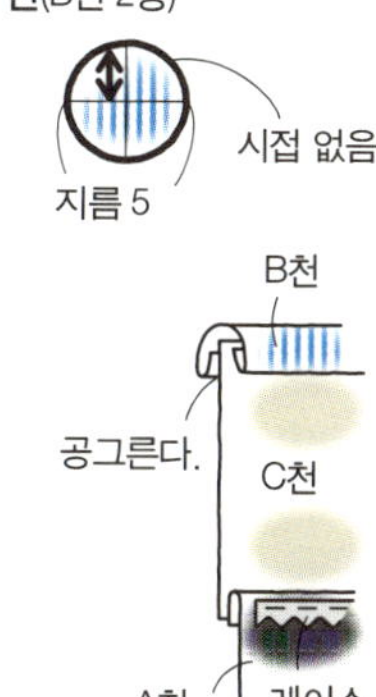

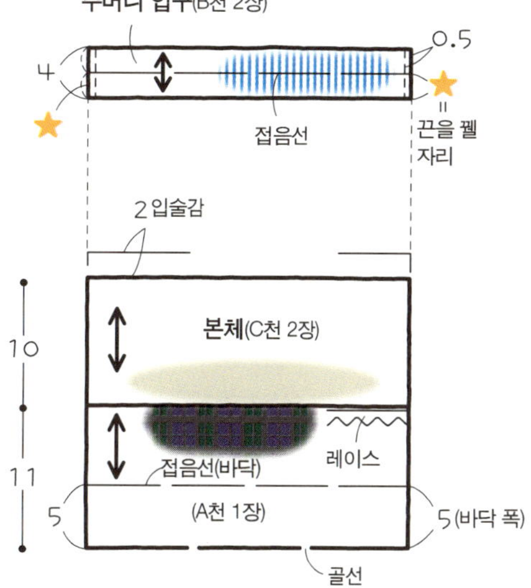

작품 1 만드는 방법

1 A천, C천, 주머니 입구를 봉합한다.

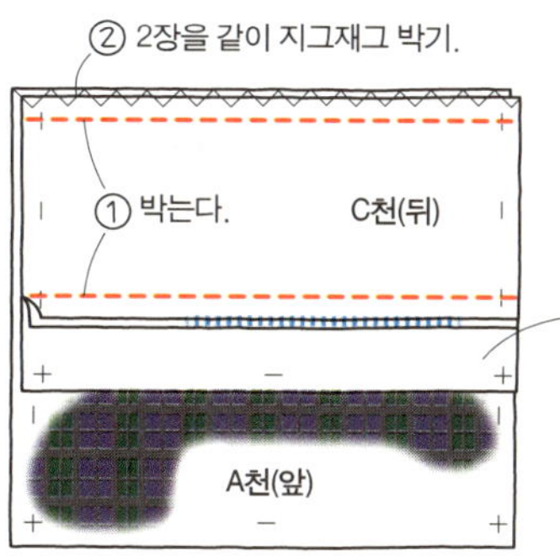

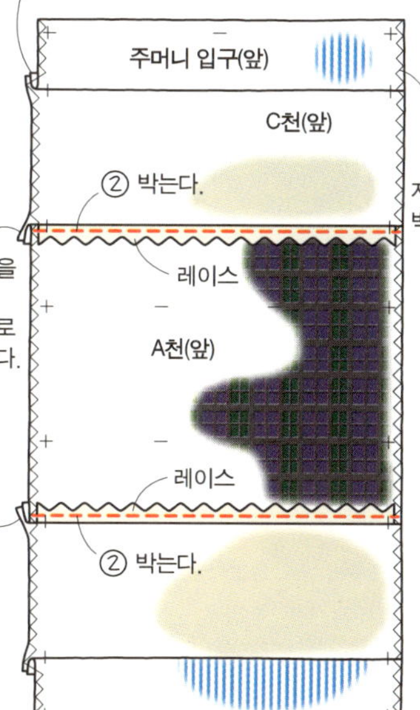

2 바닥 폭을 접어 올리고 본체의 옆선을 박는다.

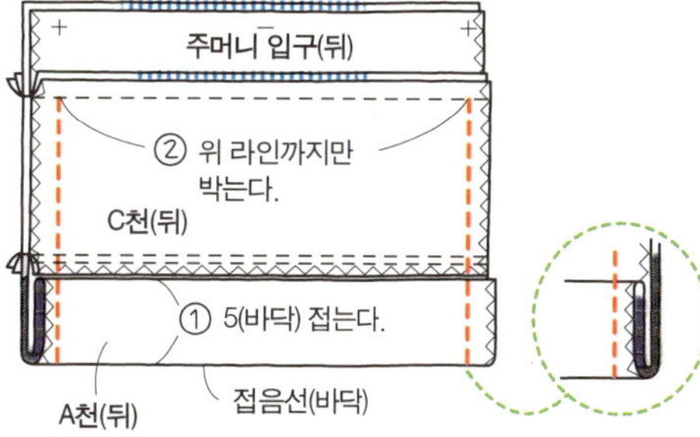

3 주머니 입구를 마무리한다.

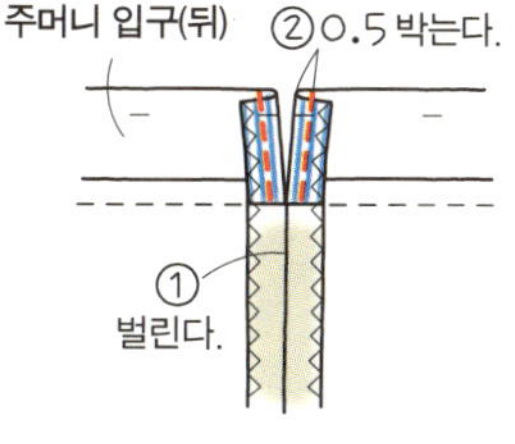

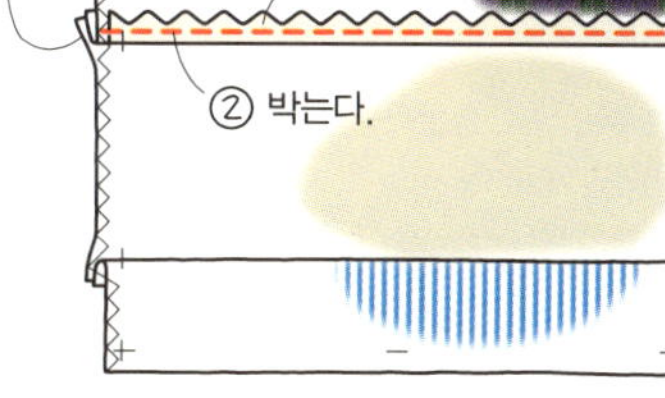

4 끈을 꿴다.

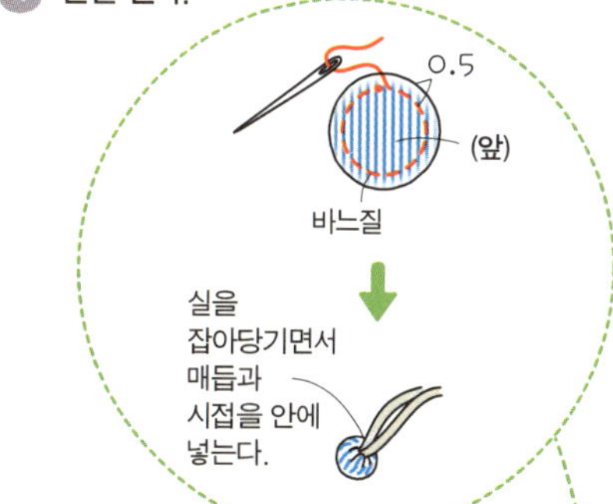

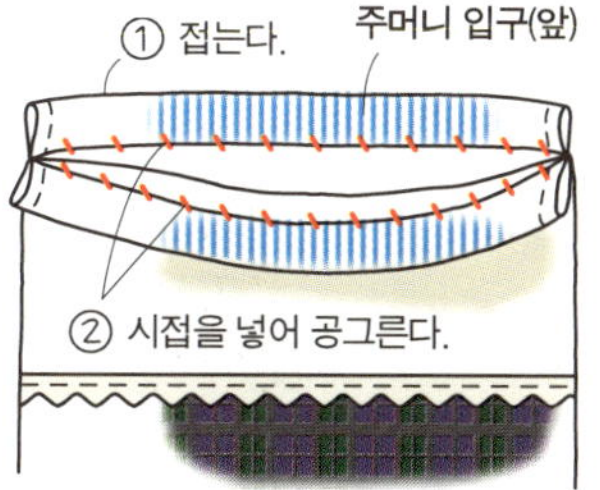

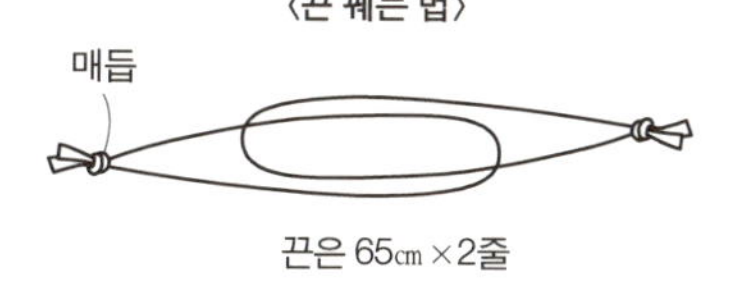

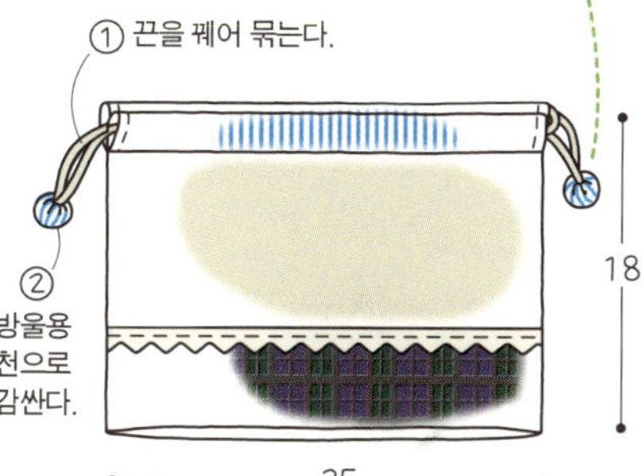

▶▶ 작품 2의 재료

- A천(면 · 격자무늬) 40×25㎝
- B천(면 · 줄무늬) 45×30㎝
- 퀼트 솜 40×25㎝
- 레이스 폭 14㎜ 길이 30㎝
- 테이프A 폭 13㎜ 길이 25㎝
- 테이프B 폭 4㎜ 길이 1m 10㎝

◆ 〈마름질하기〉에는 시접이 포함되어 있지 않아요. 주머니 입구의 ● 안 치 수 외에는 사방 1㎝씩 시접을 두고 마름질하세요.
◆ 원의 실물 크기 본은 104쪽을 참조하세요.

작품 2 마름질하기

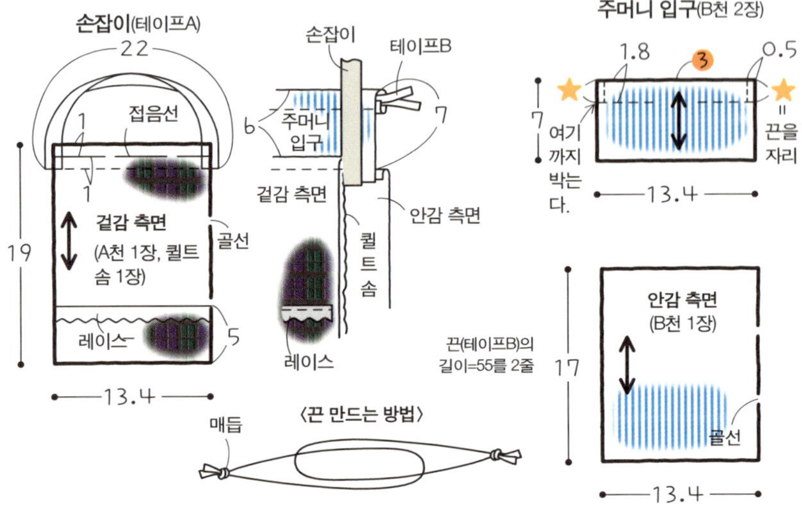

작품 2 만드는 방법

1 겉감에 레이스를 달고 측면을 박는다.

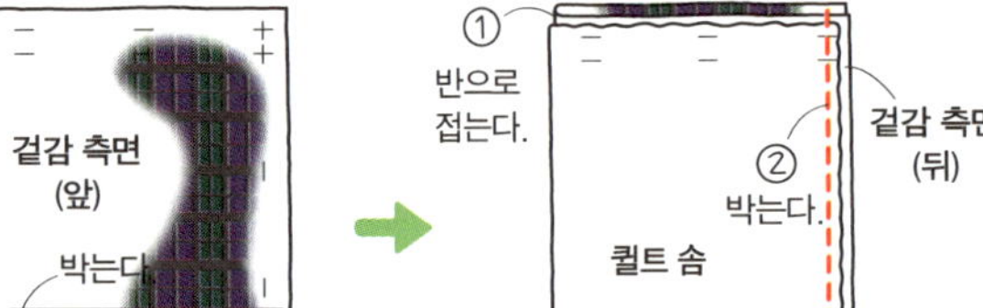

2 겉감 측면과 바닥을 봉합한다.

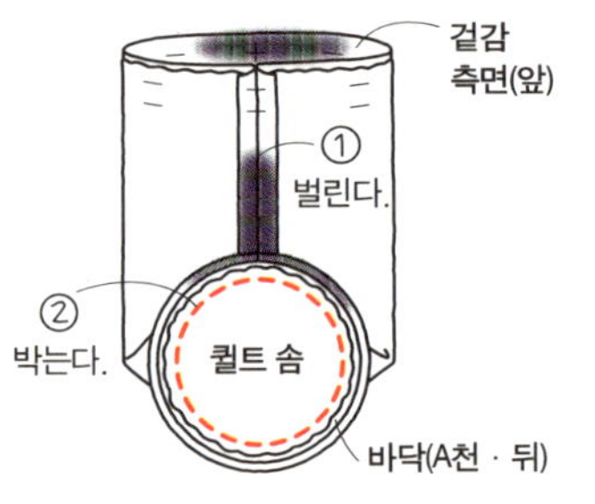

3 안감 측면을 박아 바닥과 봉합한다.

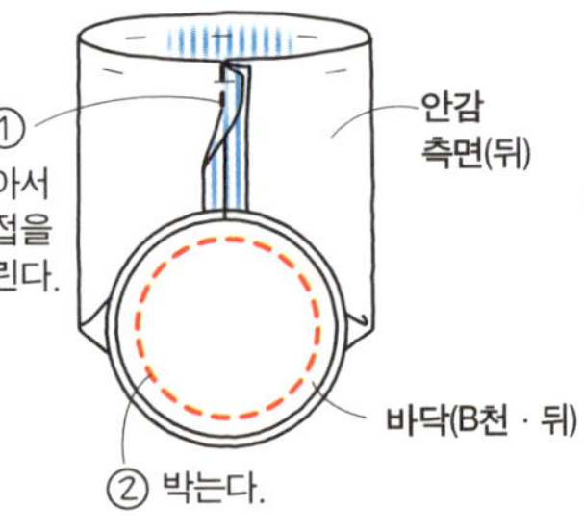

4 주머니 입구를 박는다.

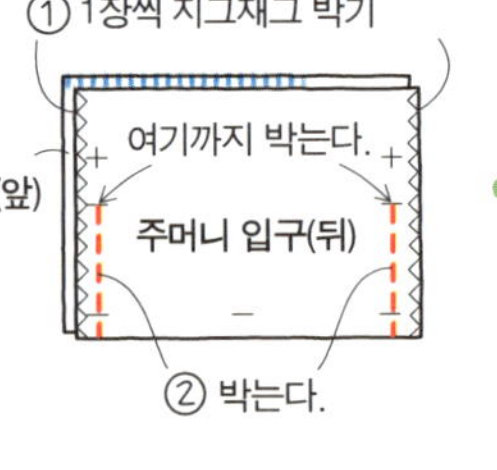

5 겉감 측면과 주머니 입구를 봉합한다.

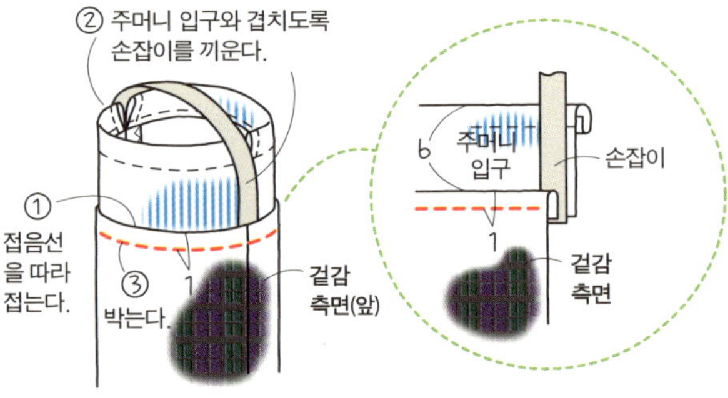

6 안감 측면을 단다.

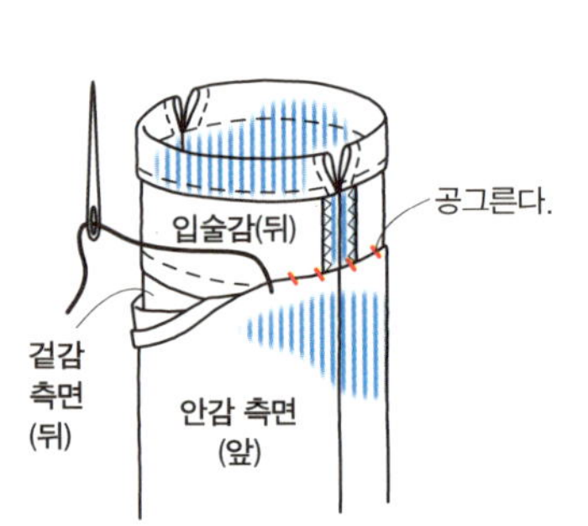

7 끈을 꿴다.

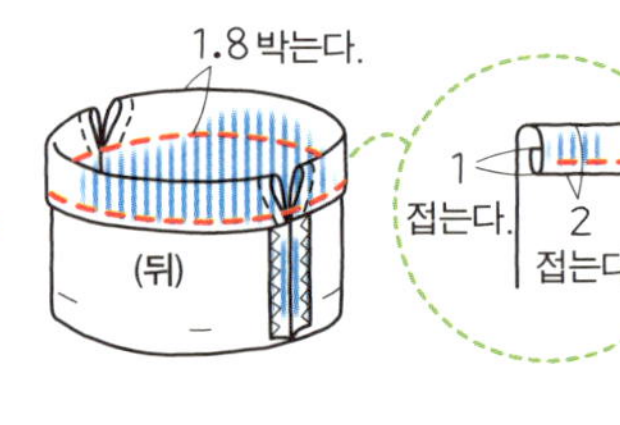

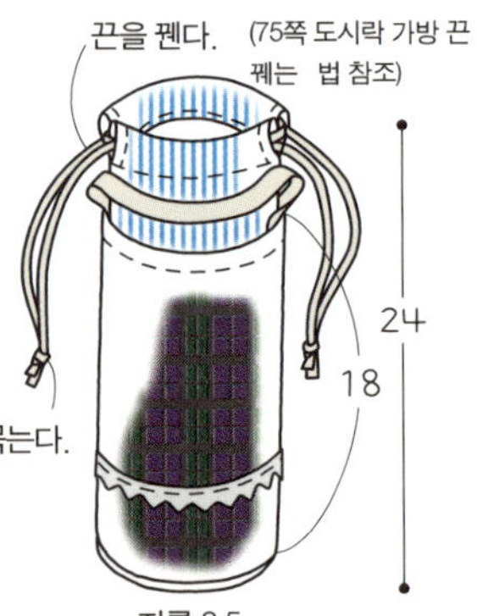

손잡이가 달린 도시락 가방과 식탁매트로 변신하는 수저 집을 한 세트로 만들었어요. 단순한 디자인에 귀여운 장식 테이프로 멋을 냈습니다.

만든 이 : 쇼지 기요미

▶▶ 작품 1의 재료

- 겉감(마 · 민무늬) 30×30㎝
- 배합 천(면 · 줄무늬) 30×30㎝
- 장식 테이프 폭 10㎜ 길이 30㎝
- 테이프 폭 20㎜ 길이 5㎝

♦ 〈마름질하기〉에는 시접이 포함되어
  있지 않아요. 사방 1㎝씩 시접을 두고
  마름질하세요.

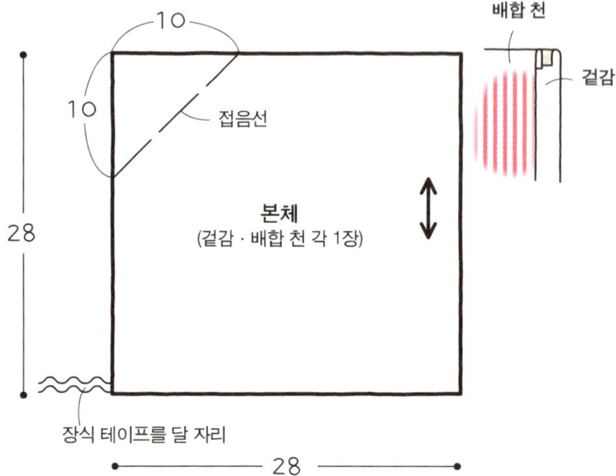

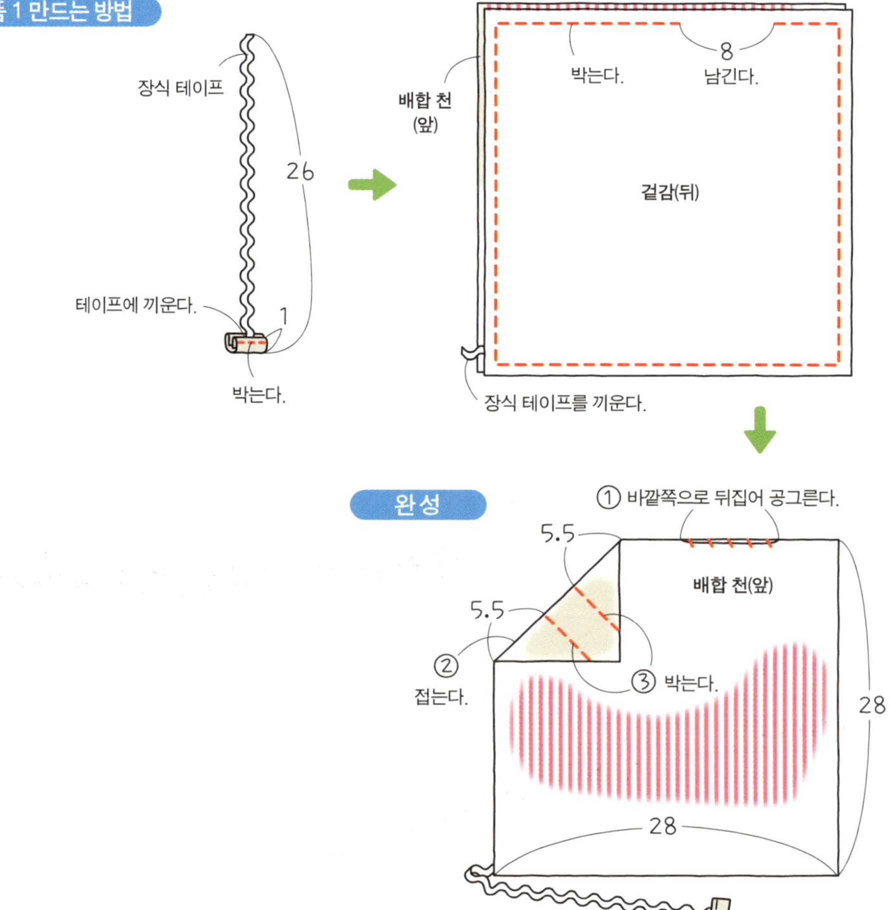

- 겉감(면 · 줄무늬) 55×35㎝
- 안감(마 · 민무늬) 55×35㎝
- 테이프 폭 19㎜ 길이 1m 5㎝
- 장식 테이프 폭 10㎜ 길이 1m 5㎝
- 둥근 끈(굵기 4㎜) 길이 1m 30㎝

• 〈마름질하기〉에는 시접이 포함되어
  있지 않아요. 사방 1㎝씩 시접을 두고
  마름질하세요.

작품 2 마름질하기   손잡이(테이프)

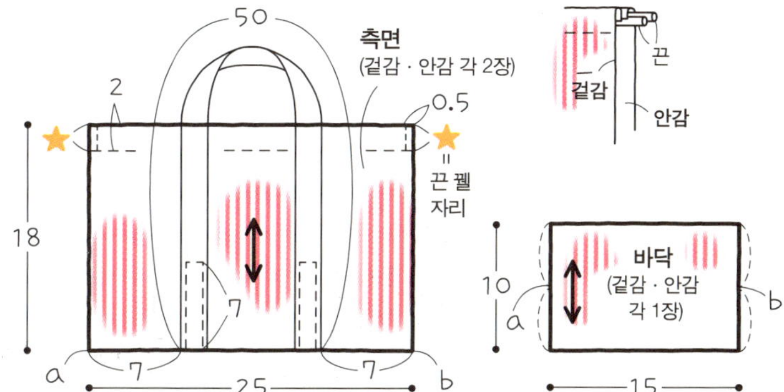

작품 2 만드는 방법

1 측면에 손잡이를 단다.

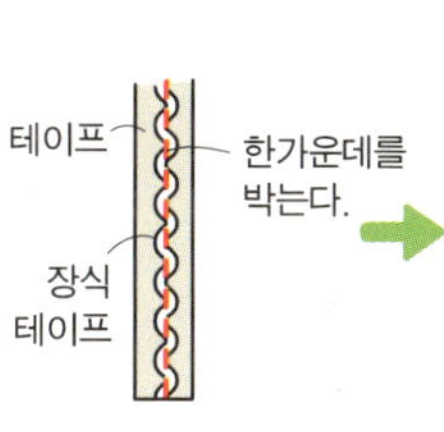

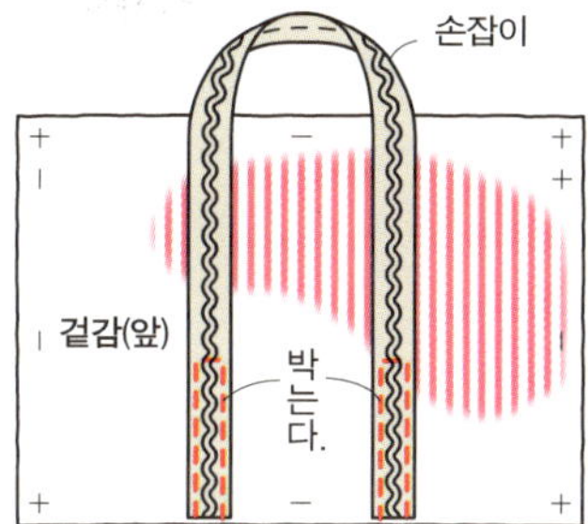

〈끈 꿰는 방법〉

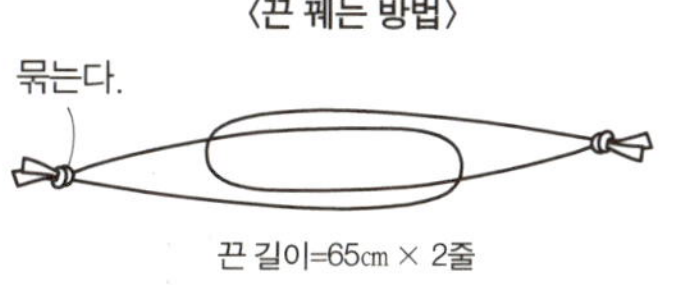

3 측면과 바닥을 봉합한다.
   (안감도 마찬가지)

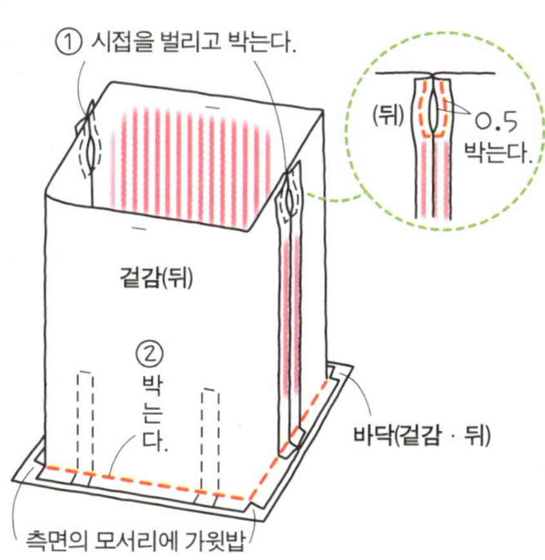

2 겉감, 안감의 옆선을 박는다.

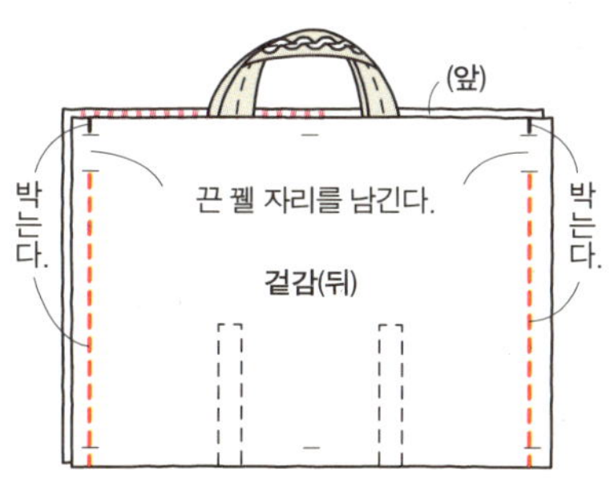

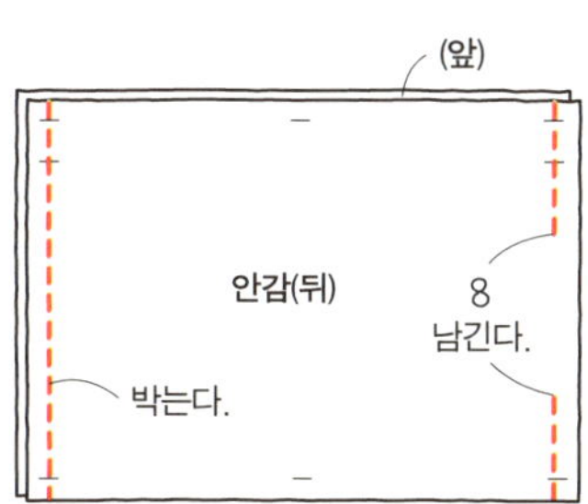

4 겉감 본체와 안감 본체를 봉합한다.

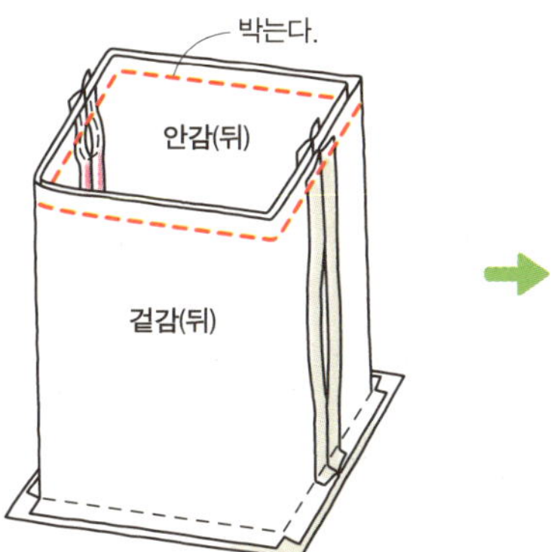

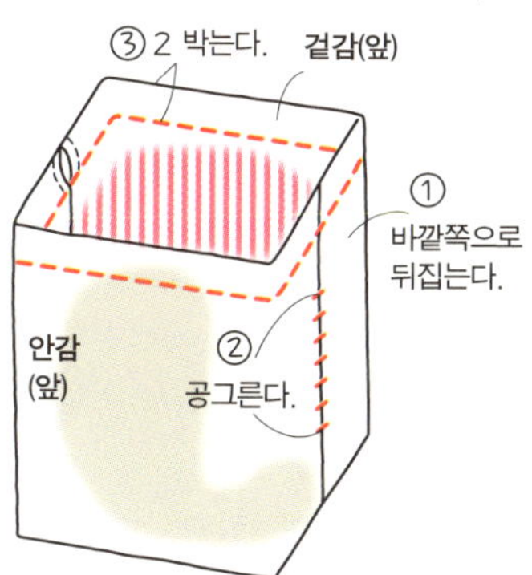

5 끈을 꿴다.

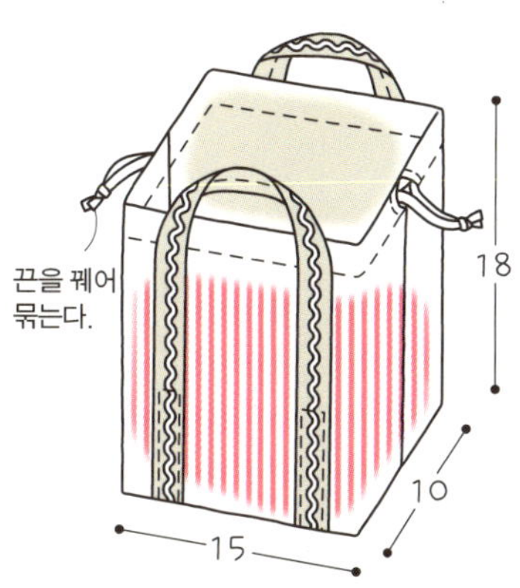

내추럴 주방 소품 세트
티매트 + 식탁매트 + 수저함
민무늬 리넨에 파란색 격자무늬와 꽃무늬 천을 배합하여 주방 소품들을
만들었어요. 러닝스티치로 장식하여 핸드메이드 느낌을 살렸어요.

작품 1을 뒤집어
사용할 수 있어요.

만든 이 : 요시자와 미즈에

▶▶ **작품 1의 재료(1개분)**
- 겉감(마 · 민무늬) 15×15㎝
- 배합 천(면 · 격자무늬) 15×15㎝
- 감색 자수실

▶▶ **작품 2, 3의 재료(1개분)**
- 겉감(마 · 민무늬) 40×35㎝
- 배합 천(면 · 격자무늬-대 · 소)
  50×35㎝
- 감색 자수실

▶▶ **작품 4의 재료(1개분)**
- 겉감(마 · 민무늬) 30×20㎝
- 배합 천(면 · 꽃무늬) 30×20㎝
- 접착 퀼트 솜 30×20㎝
- 파란색 자수실

◆ 〈마름질하기〉에는 시접이 포함되어 있
지 않아요. 사방 1㎝씩 시접을 두고 마름
질하세요.

작품 1

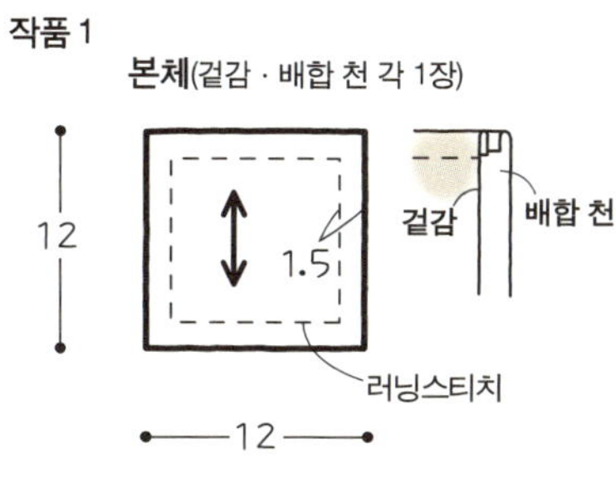

작품 2, 3

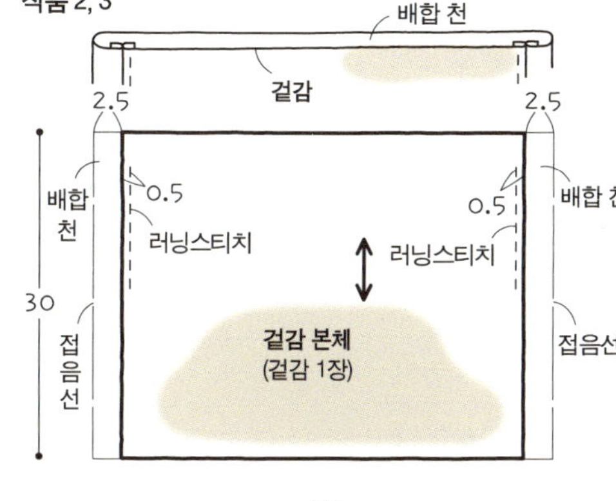

작품 4

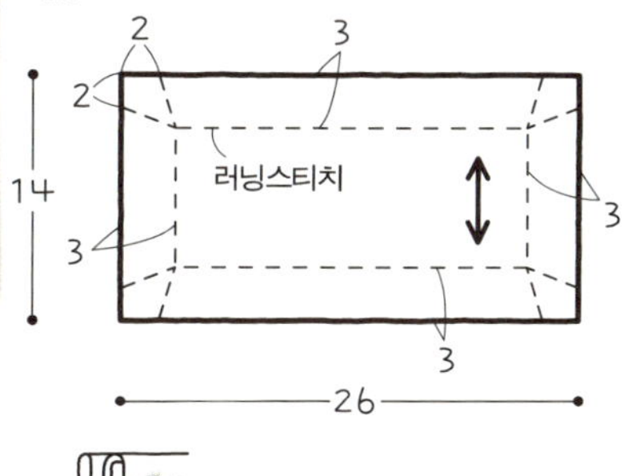

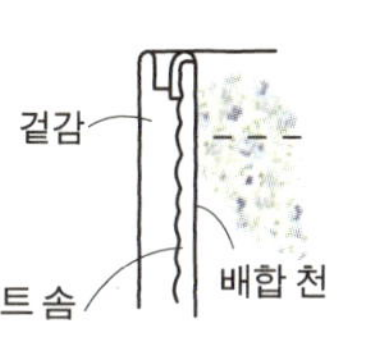

본체
(겉감 · 배합 천 ·
접착 퀼트 솜 각 1장)

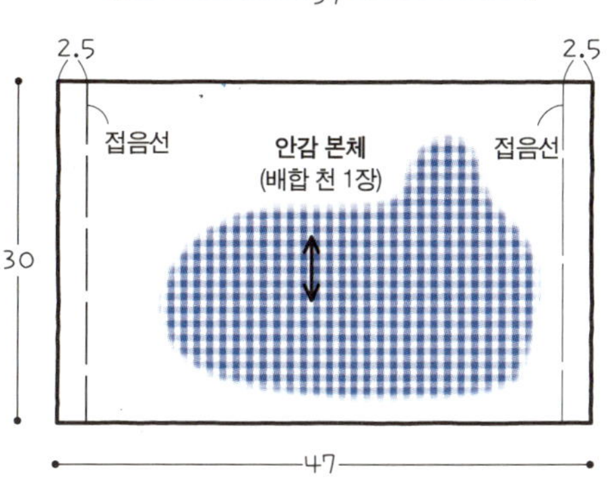

작품 1

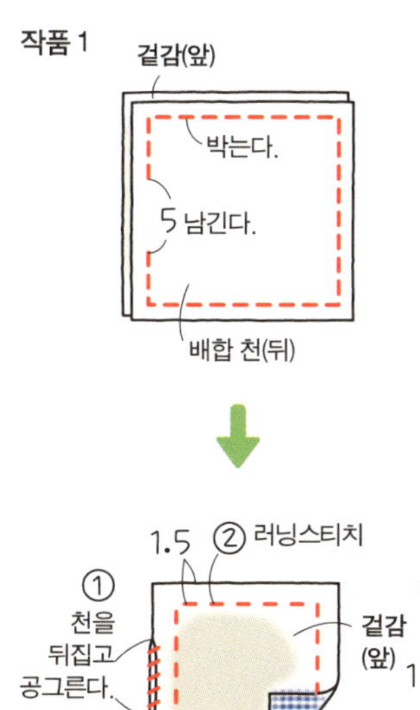

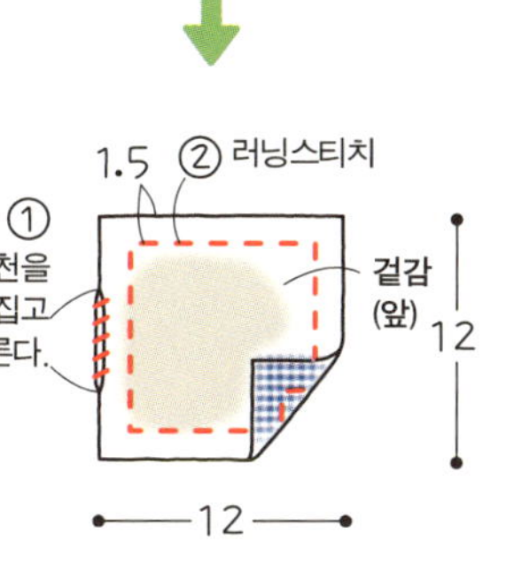

작품 2, 3

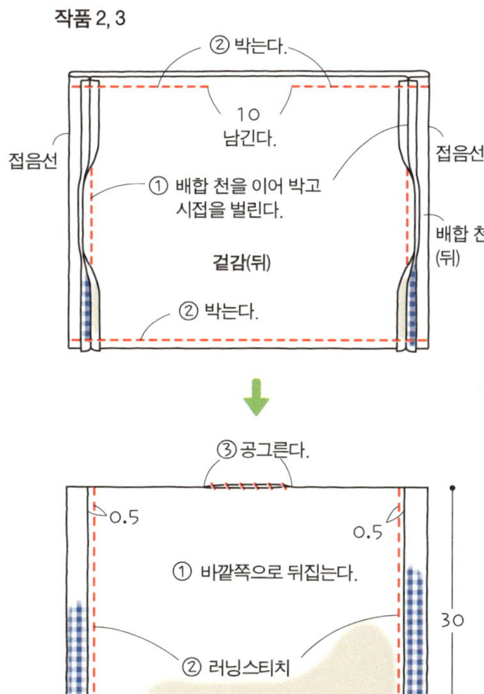

작품 4

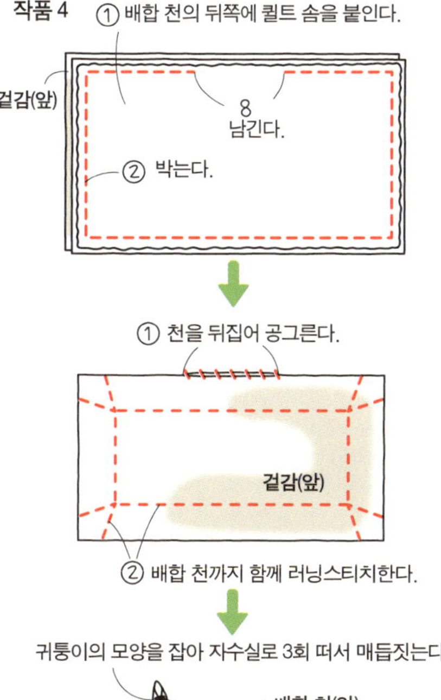

티테이블 세팅 소품
티매트 + 티팟 덮개 + 티팟 받침

꽃무늬, 격자무늬, 민무늬를 배합해서 만든 홍차 주전자 덮개를 비롯한 티테이블 세팅에 필요한 소품입니다. 식탁 위를 다양하게 연출해 보세요.

만든 이 : 요시자와 미즈에

마름질하기

작품 1

바이어스 천(배합 천 1장)

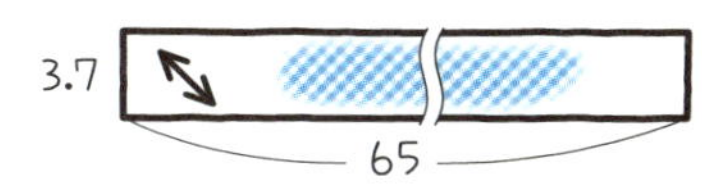

본체(겉감 2장, 퀼트 솜 1장)

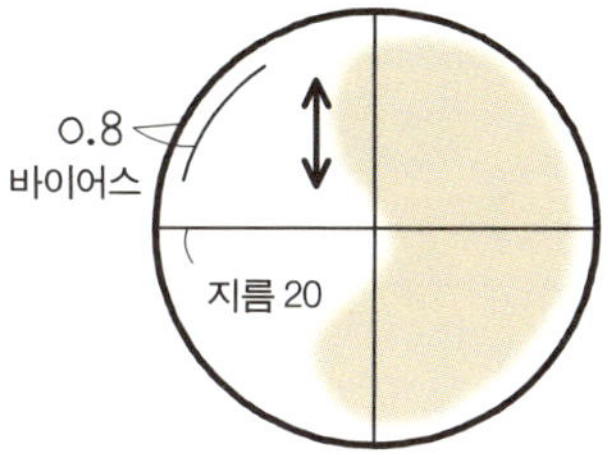

작품 3, 4

본체(겉감 · 배합 천 각 1장)

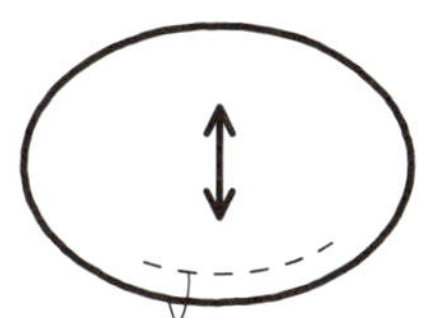

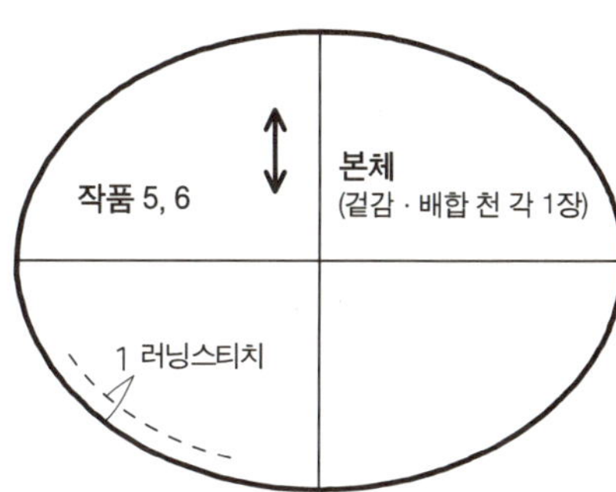

만드는 방법

작품 1

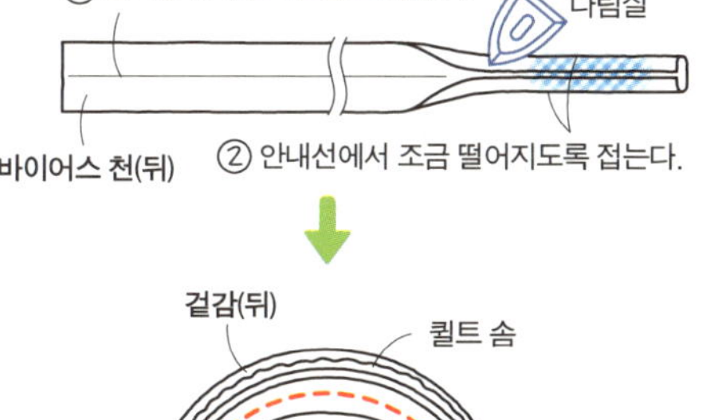

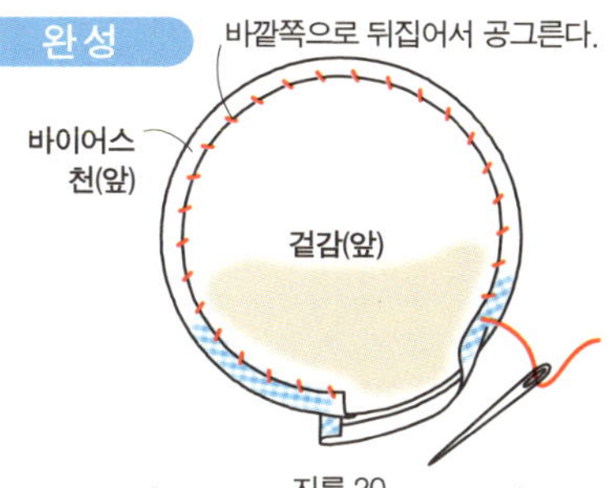

작품 3, 4, 5, 6

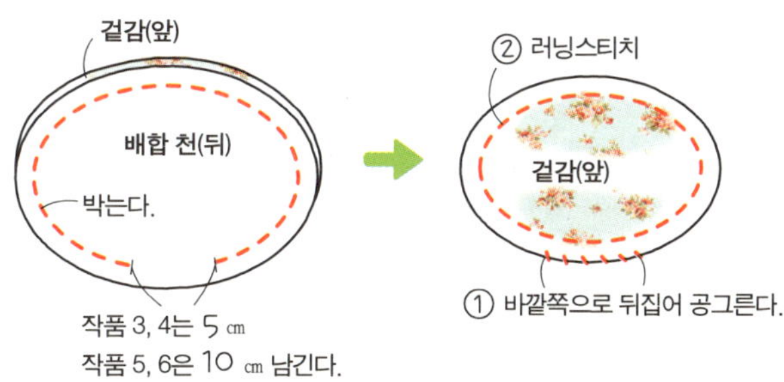

완 성

작품 1

작품 3, 4

작품 5, 6

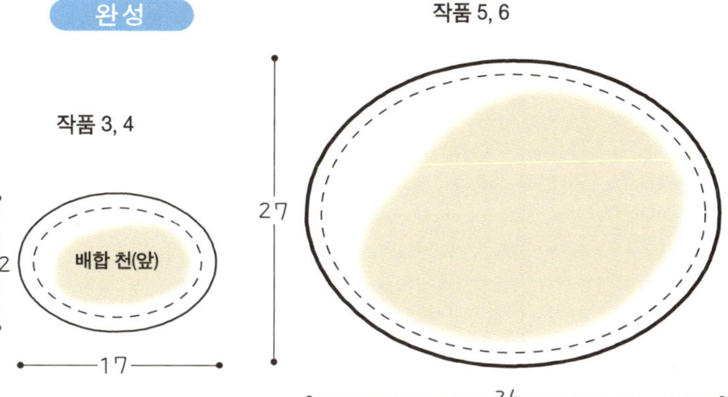

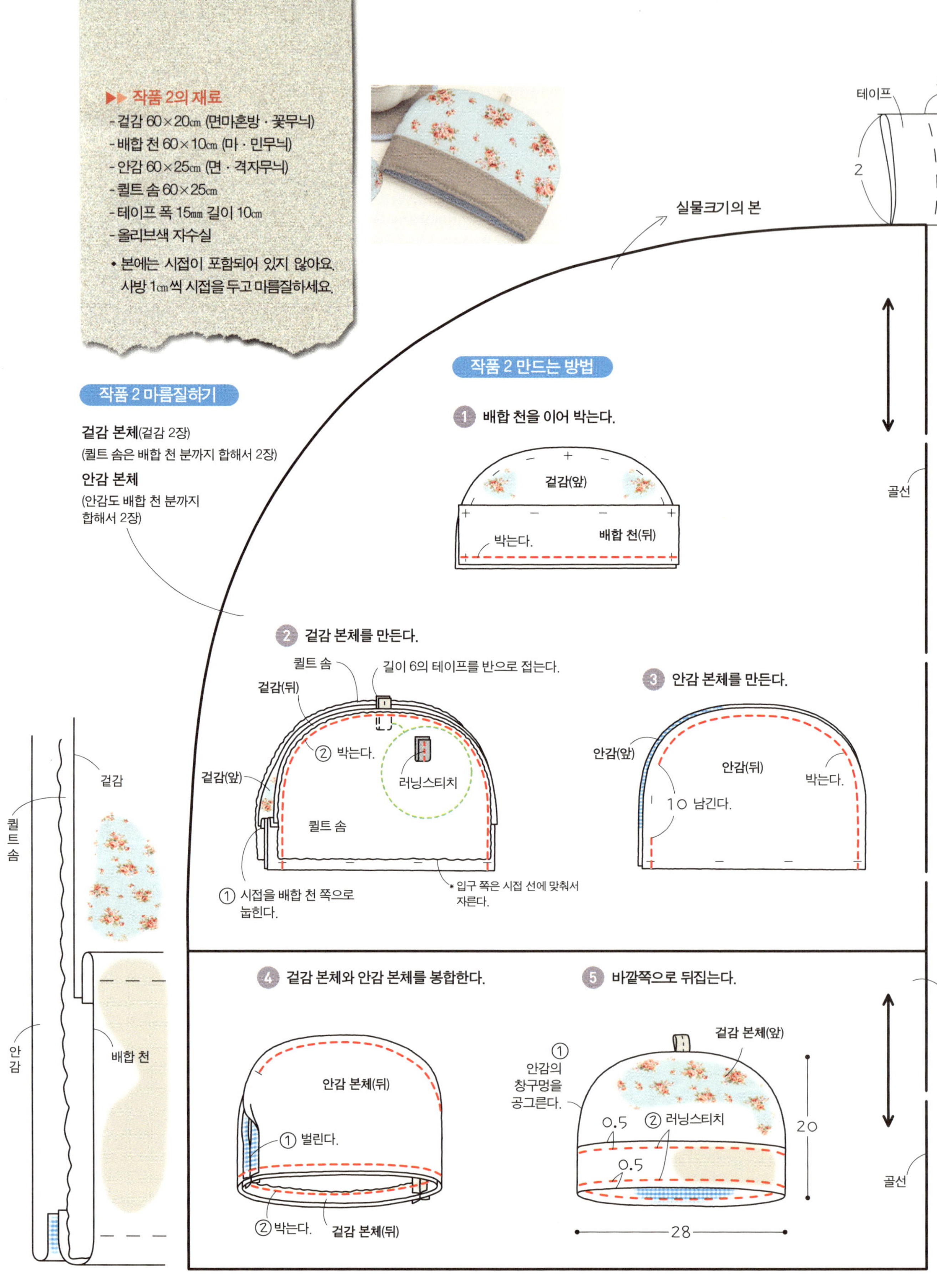

▶▶ 작품 2의 재료
- 겉감 60×20cm (면마혼방 · 꽃무늬)
- 배합 천 60×10cm (마 · 민무늬)
- 안감 60×25cm (면 · 격자무늬)
- 퀼트 솜 60×25cm
- 테이프 폭 15mm 길이 10cm
- 올리브색 자수실
• 본에는 시접이 포함되어 있지 않아요.
  사방 1cm씩 시접을 두고 마름질하세요.

작품 2 마름질하기

겉감 본체(겉감 2장)
(퀼트 솜은 배합 천 분까지 합해서 2장)
안감 본체
(안감도 배합 천 분까지
합해서 2장)

겉감
퀼트 솜
안감
배합 천

실물크기의 본
테이프
2
골선

작품 2 만드는 방법

1 배합 천을 이어 박는다.
겉감(앞)
배합 천(뒤)
박는다.

2 겉감 본체를 만든다.
퀼트 솜
겉감(뒤)
길이 6의 테이프를 반으로 접는다.
겉감(앞)
② 박는다.
러닝스티치
퀼트 솜
① 시접을 배합 천 쪽으로 눕힌다.
입구 쪽은 시접 선에 맞춰서 자른다.

3 안감 본체를 만든다.
안감(앞)
안감(뒤)
박는다.
10 남긴다.

4 겉감 본체와 안감 본체를 봉합한다.
안감 본체(뒤)
① 벌린다.
② 박는다.
겉감 본체(뒤)

5 바깥쪽으로 뒤집는다.
① 안감의 창구멍을 공그른다.
겉감 본체(앞)
② 러닝스티치
0.5
0.5
20
28
골선

심플 앞치마 & 냄비 받침 & 키친 크로스

줄무늬를 살려서 만든 단순한 디자인의 앞치마와 냄비 받침이에요.
바구니를 덮거나 식탁 매트로도 활용할 수 있는 키친 크로스는 천 가장자리에 레이스만 달면 간단하게 만들 수 있어요.

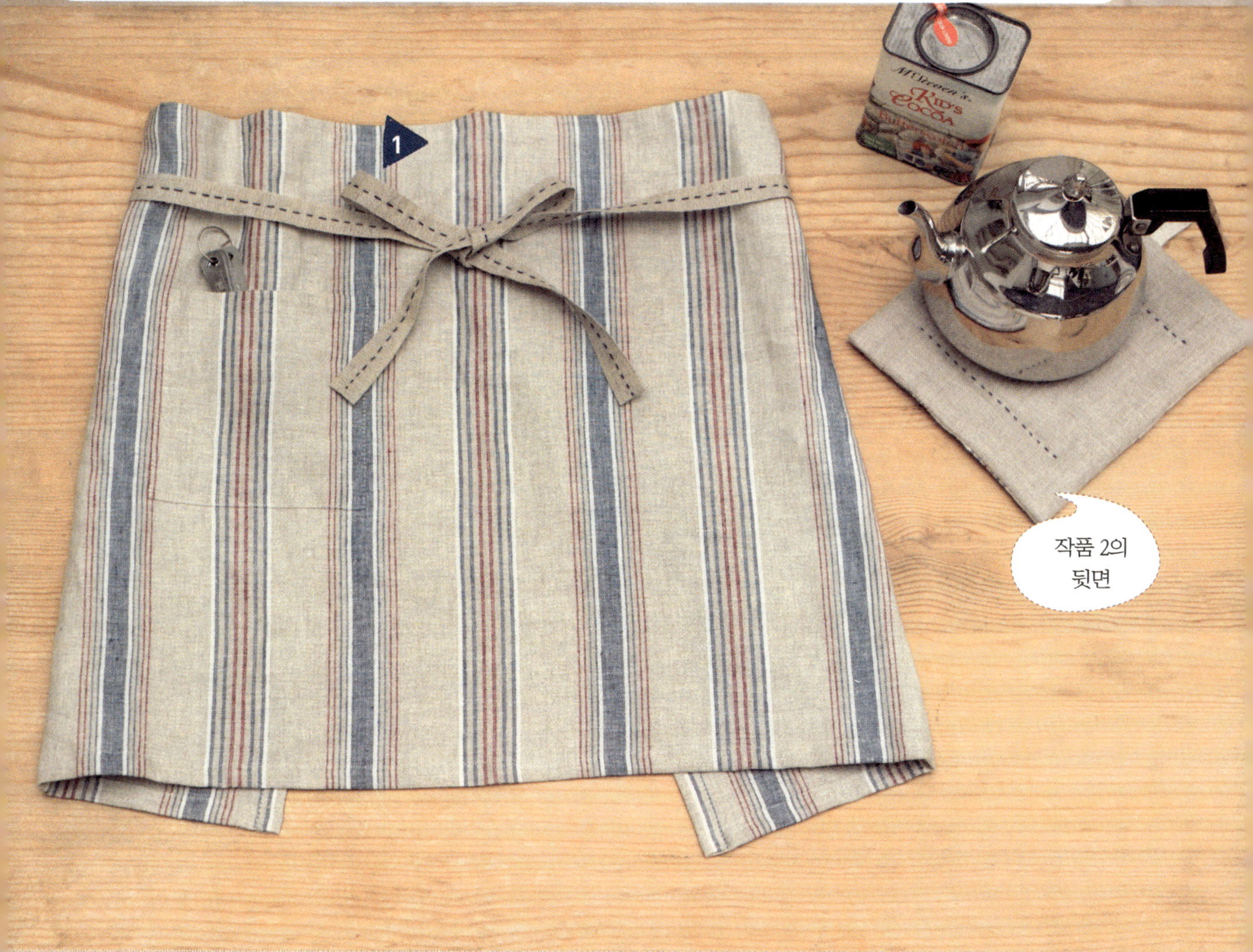

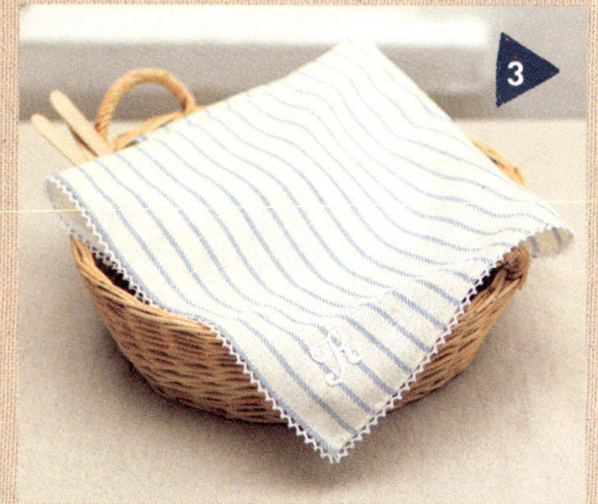

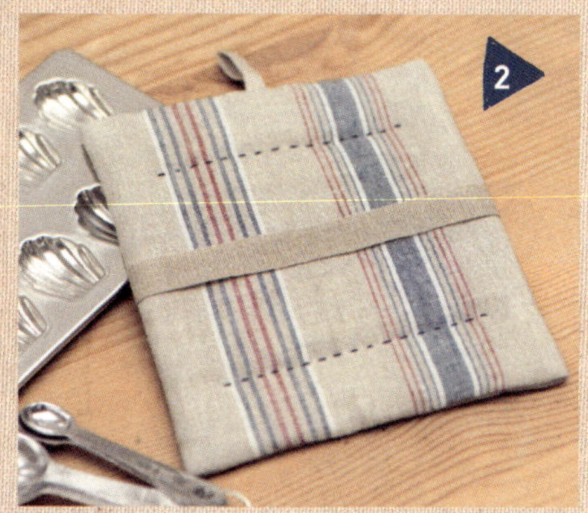

만든 이 : 가네마루 가호리

1 주머니를 만들어 단다.

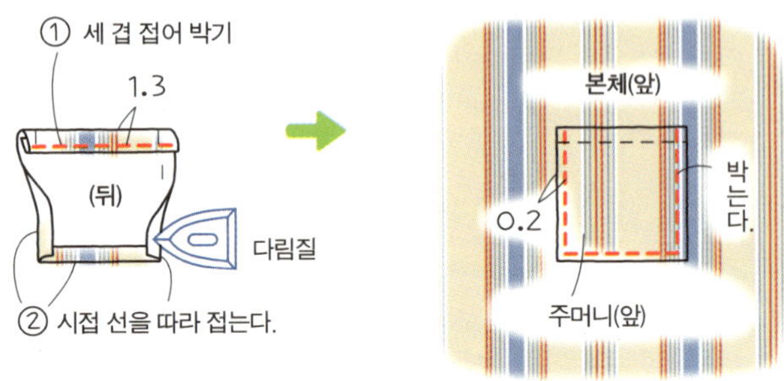

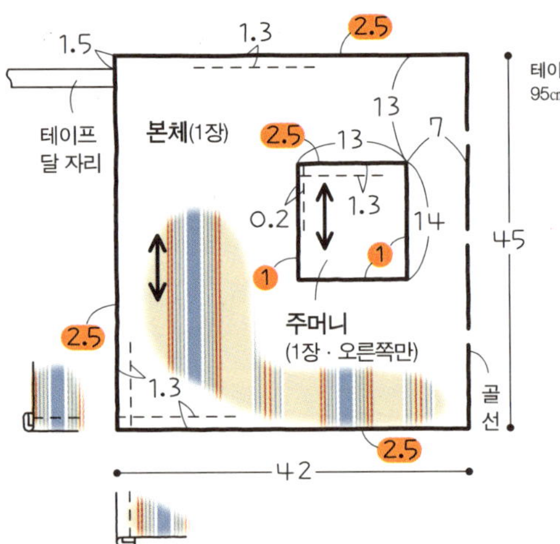

2 본체의 위아래를 세 겹 접어 박기로 마무리한다.

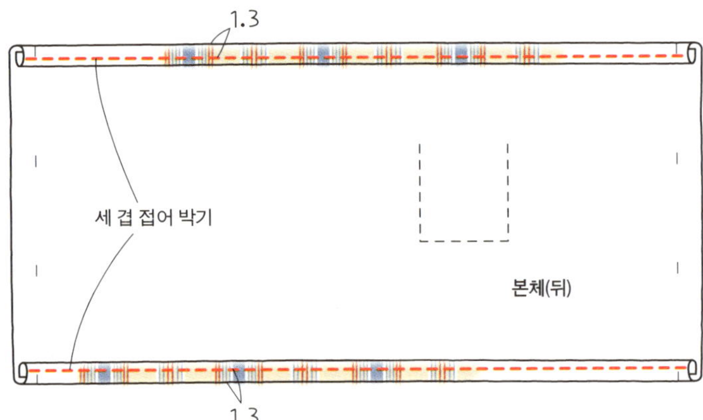

시접을 세 겹 접어 박는 방법

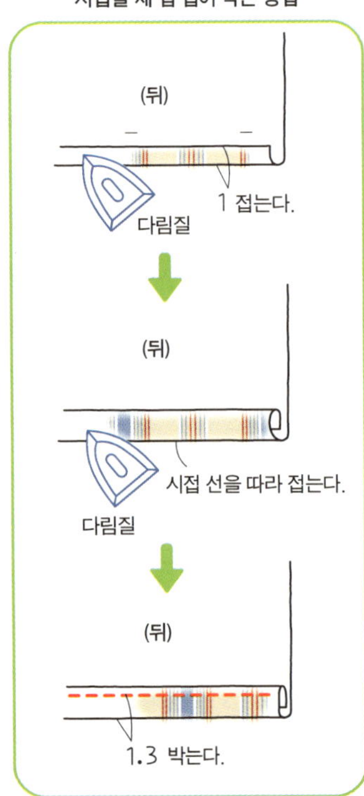

3 테이프를 끼워 옆선을 박는다.

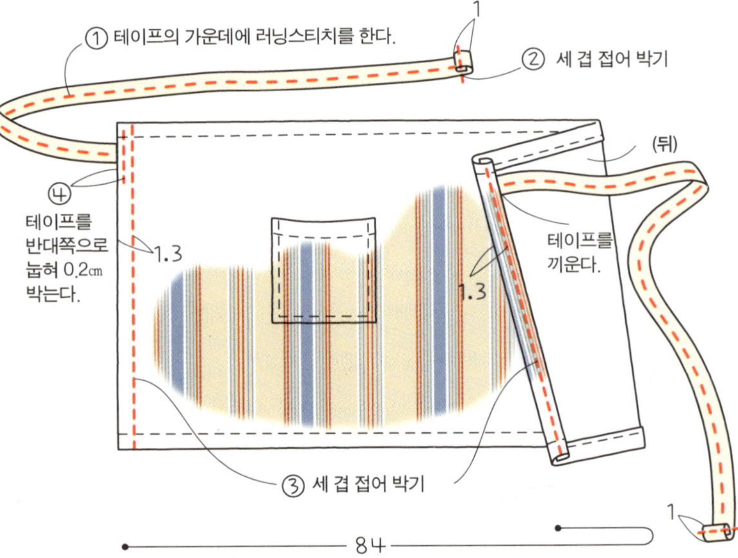

- 겉감 20×25cm (면마혼방 · 줄무늬)
- 배합 천 20×25cm (마 · 민무늬)
- 퀼트 솜 40×25cm
- 테이프A 폭 10mm 길이 10cm
- 테이프B 폭 20mm 길이 20cm
- 감색 자수실

▶▶ 작품 3의 재료

- 겉감 50×50cm (면 · 줄무늬)
- 레이스 폭 10mm 길이 1m 90cm
- 열 접착식 와펜 1장

◆ 〈마름질하기〉에는 시접이 포함되어
  있지 않아요. 사방 1cm씩 시접을 두고
  마름질하세요.

작품 2 만드는 방법

작품 2

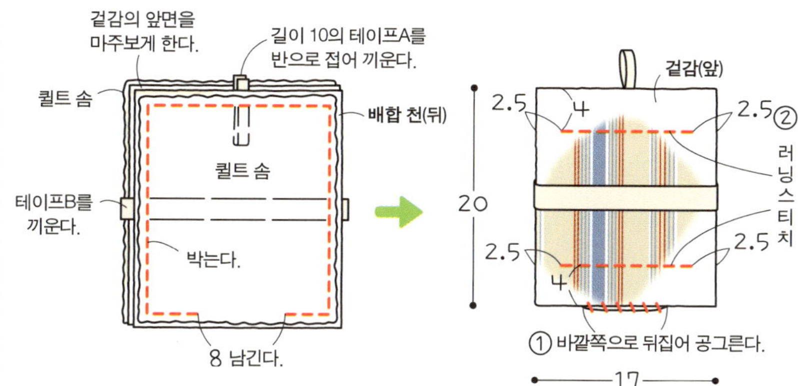

작품 2 마름질하기

본체(겉감 · 배합 천 각 1장, 퀼트 솜 2장)

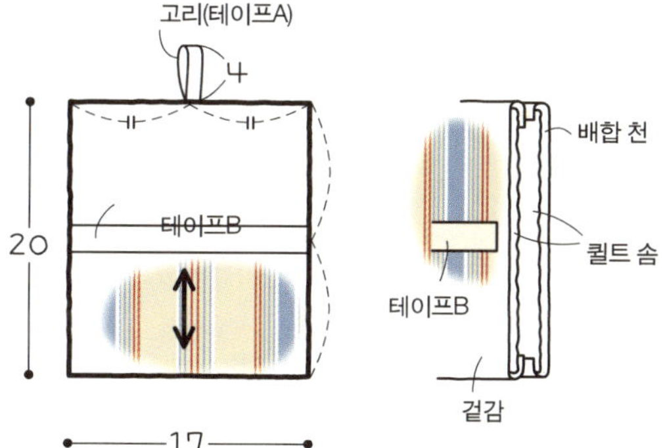

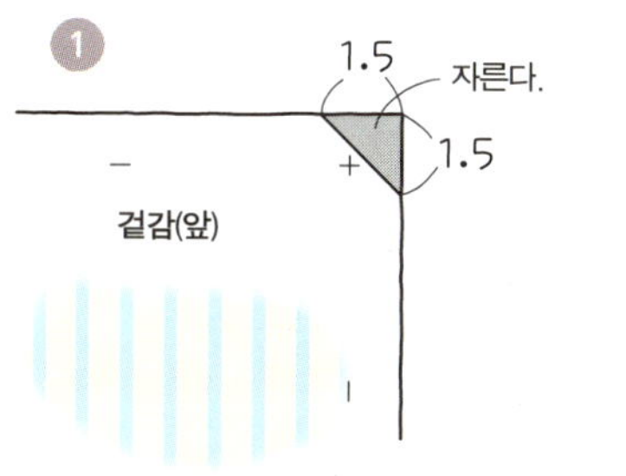

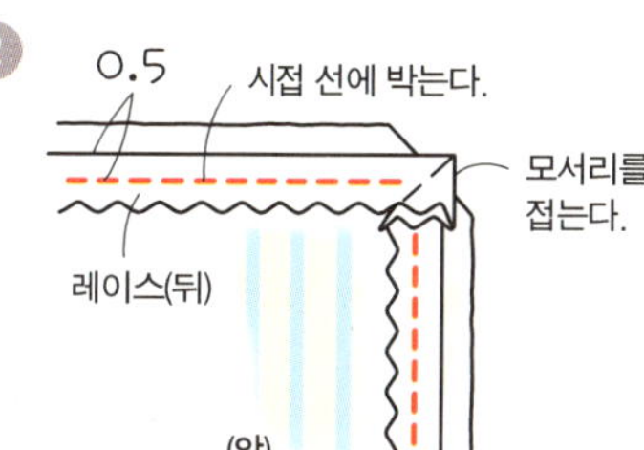

작품 3 만드는 방법

① 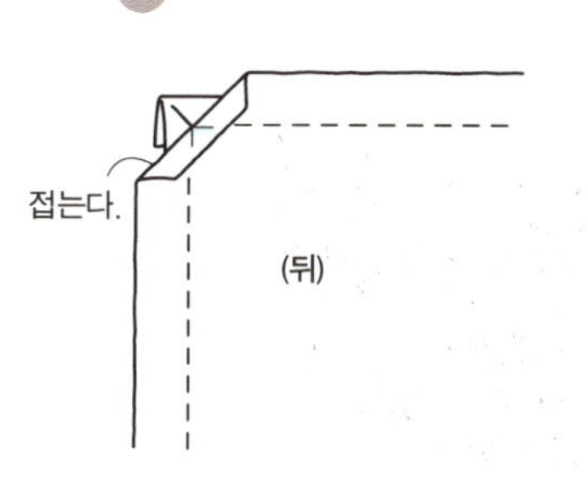

② 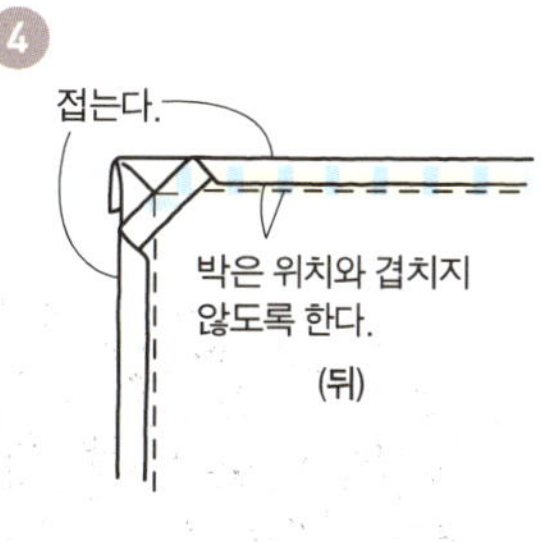

③

④

작품 3 마름질하기

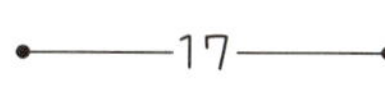

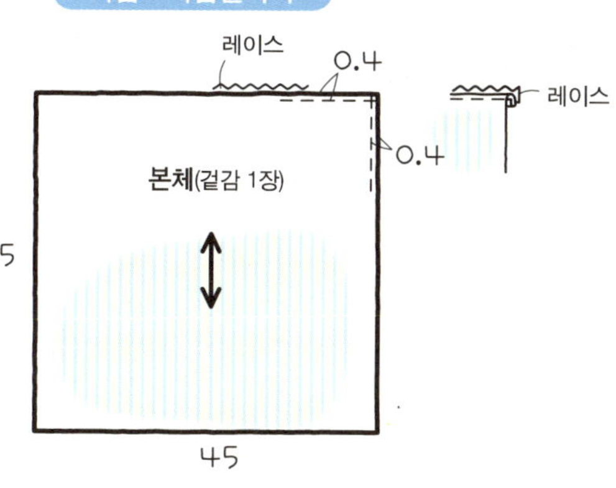

⑤ 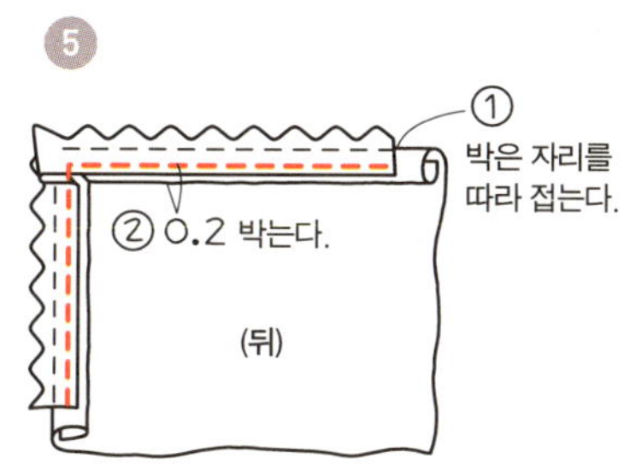

완성

원하는 위치에 와펜을 붙인다.

1
2
Les sucres en c

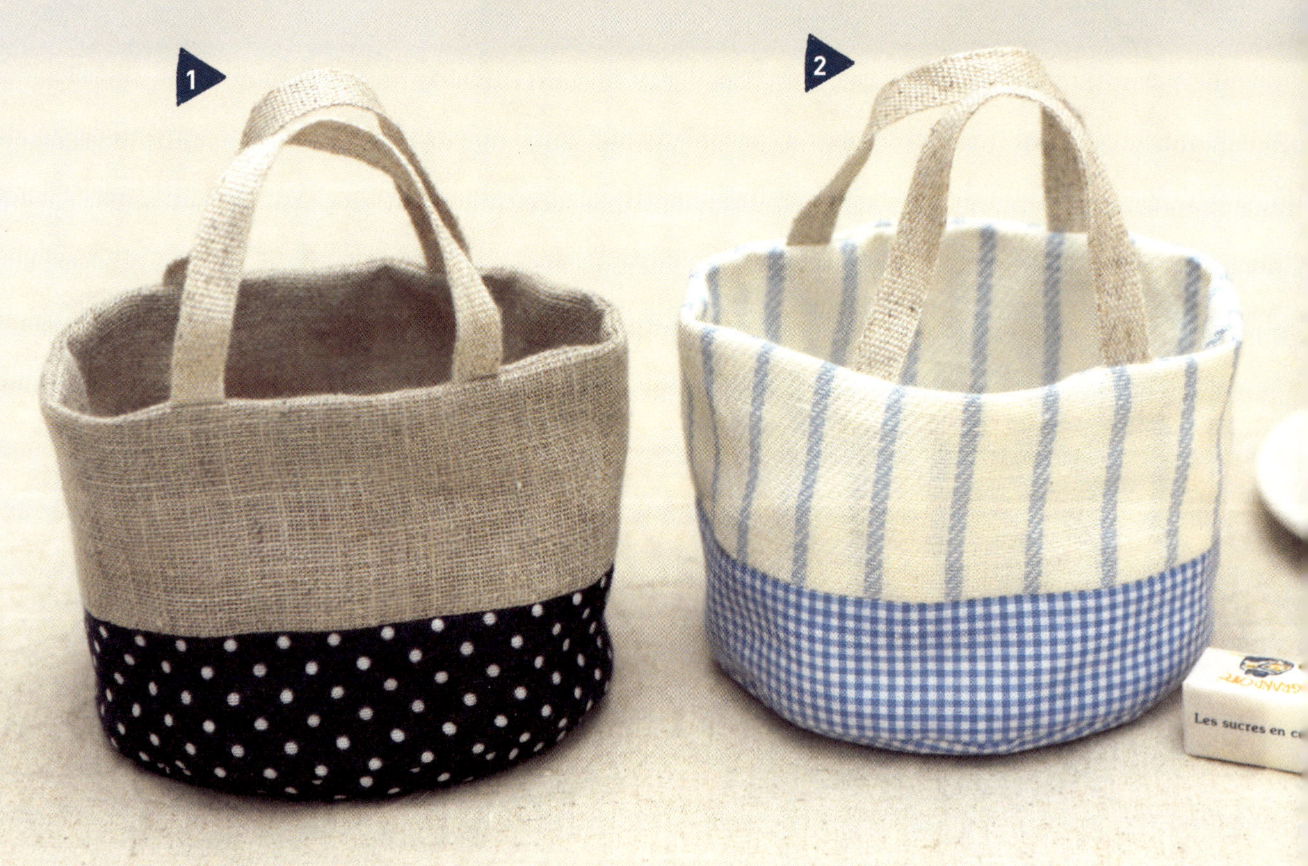

만든 이 : 가네마루 가호리

마름질하기

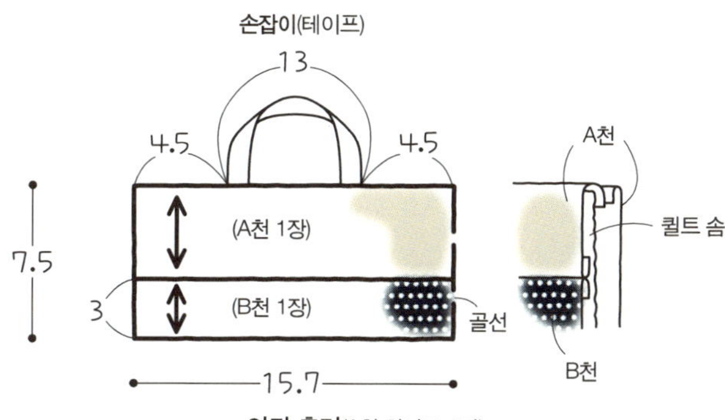

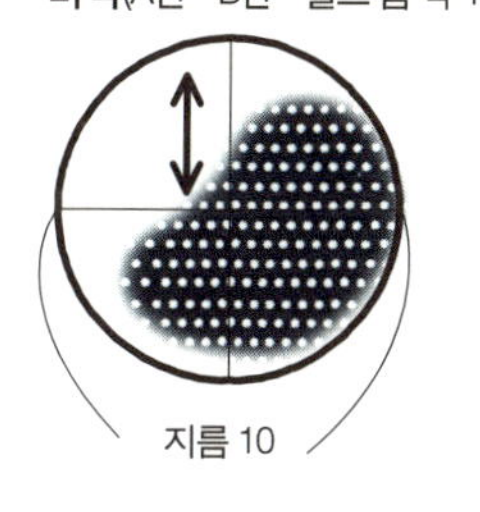

만드는 방법

1 겉감 측면을 이어 박는다.

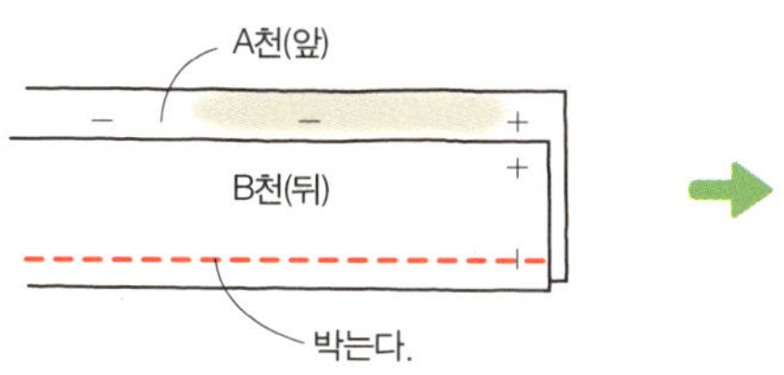

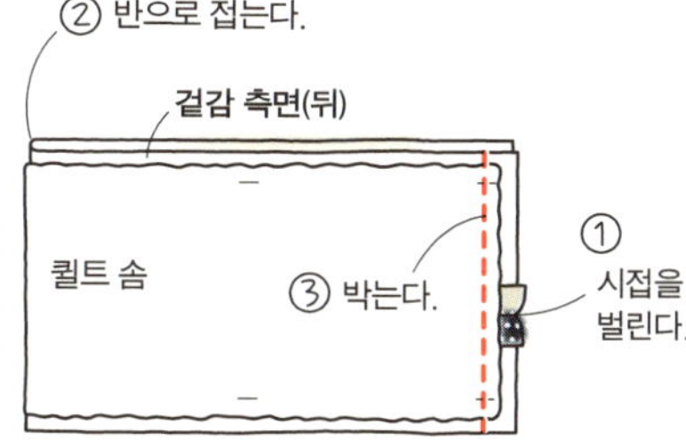

바닥(A천·B천·퀼트 솜 각 1장)

2 안감 측면을 박는다.

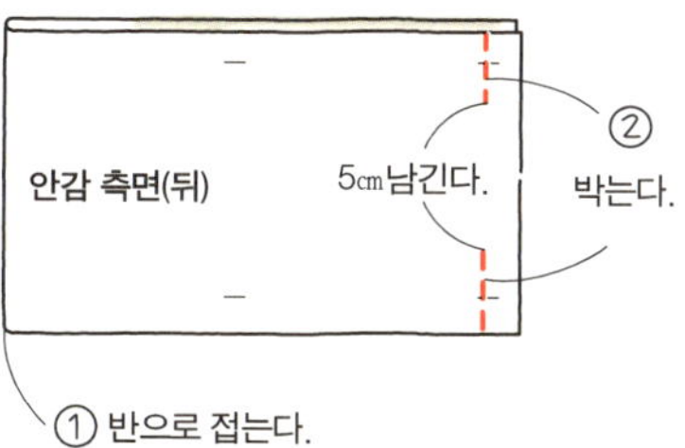

3 측면과 바닥을 봉합한다.

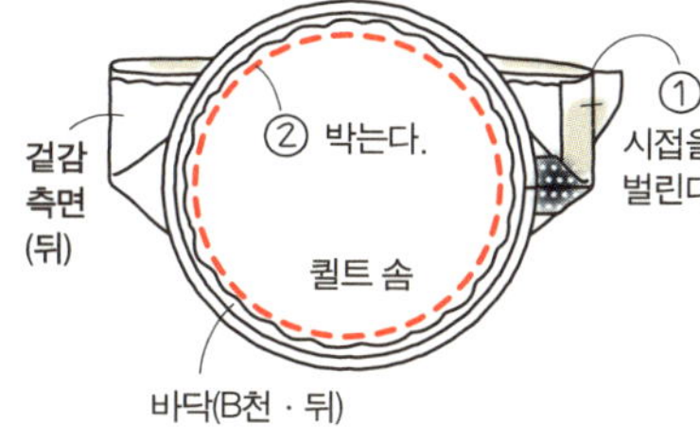

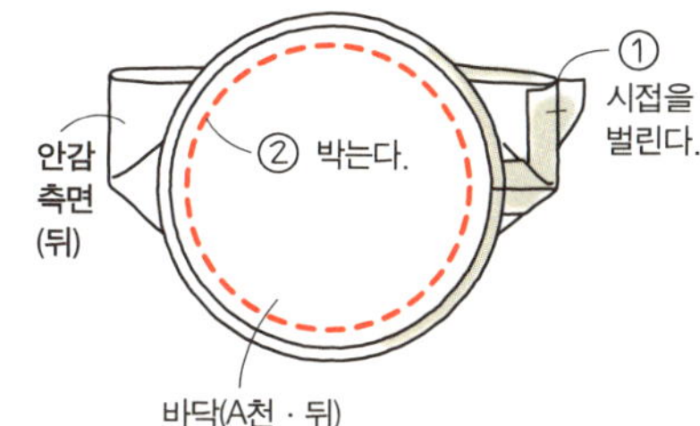

4 겉감 측면과 안감 측면을 봉합한다.

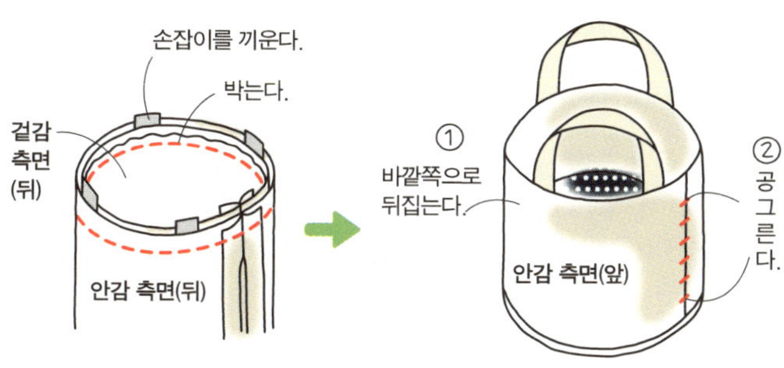

완성

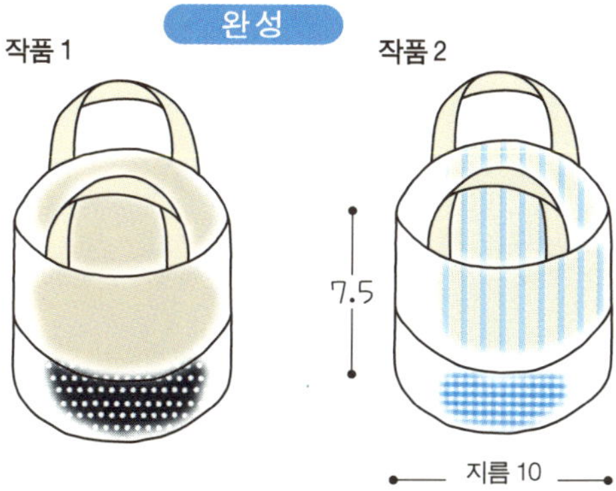

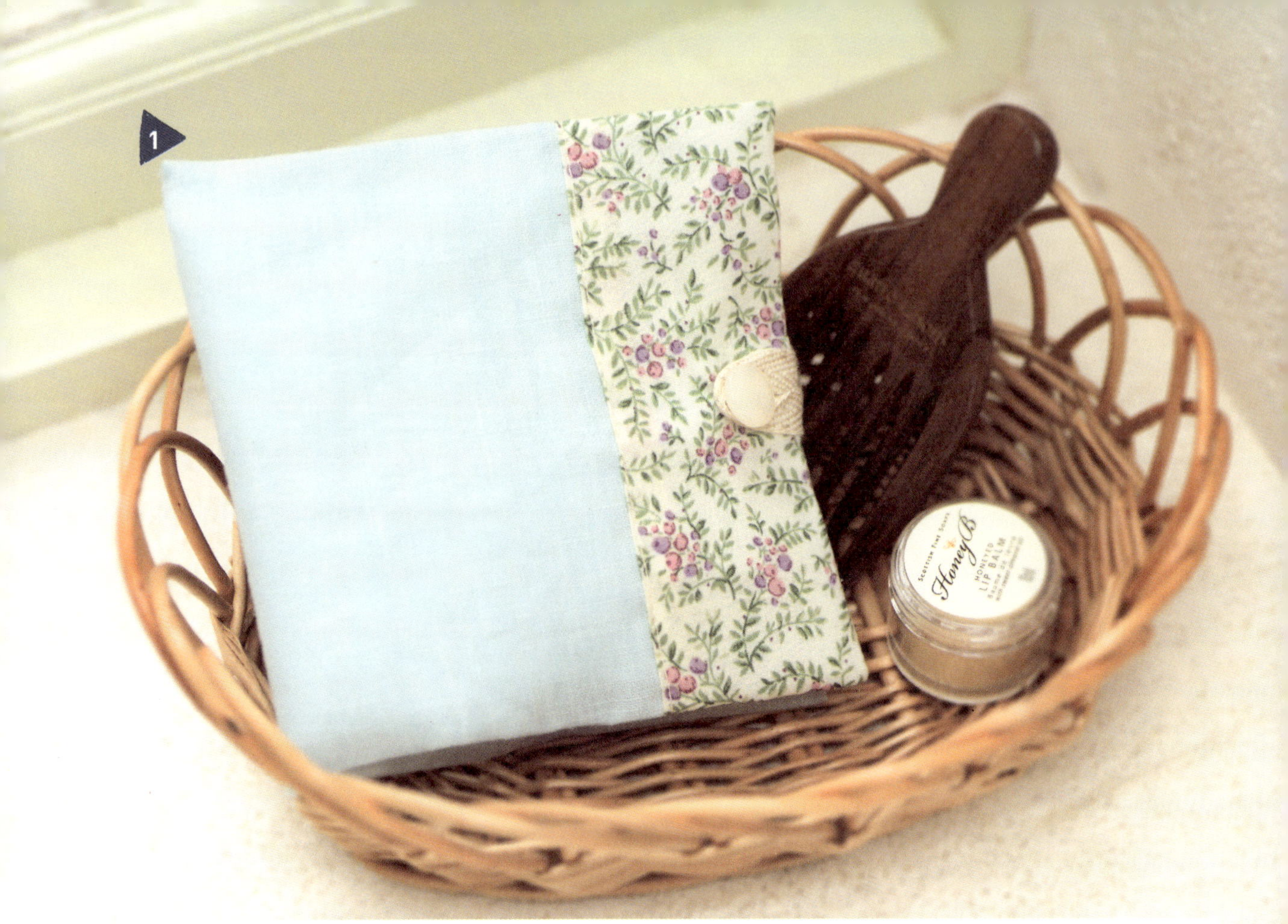

휴대용 티슈 케이스

쏙쏙 뽑아 쓰는 휴대용 티슈를 넣는 케이스예요.
티슈를 넣고 반으로 접어서 사용하는 작품 1은 가방에 넣고 다니기 좋아요.

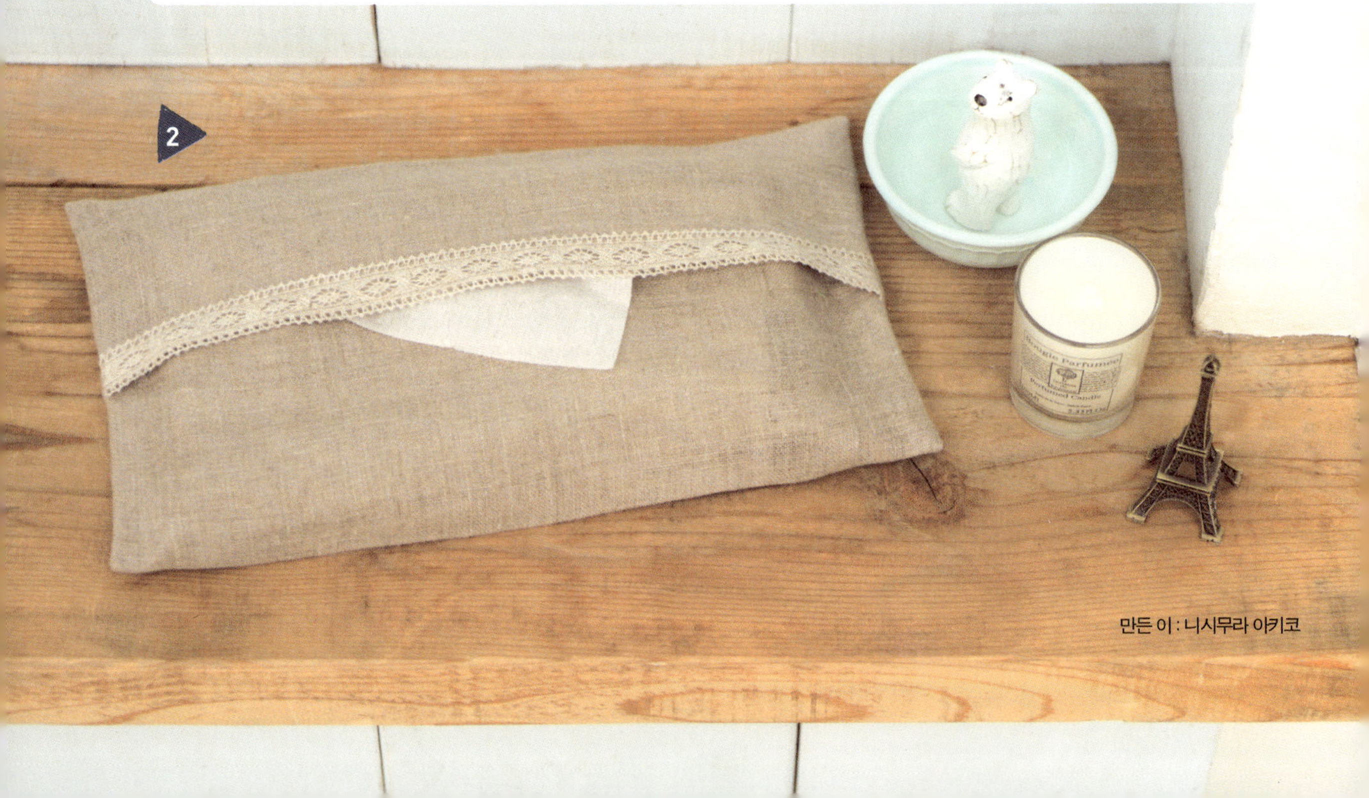

만든 이 : 니시무라 아키코

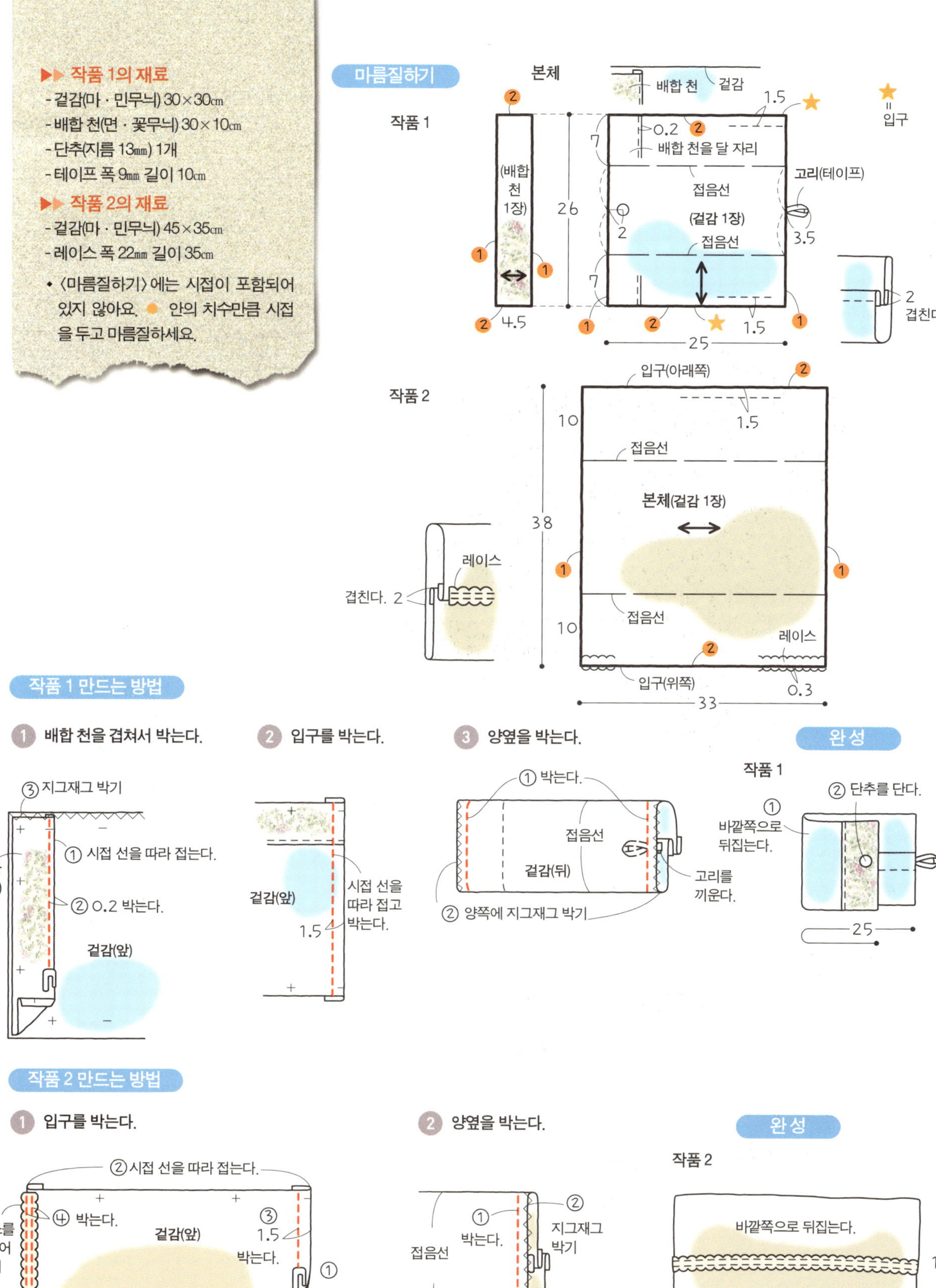

▶▶ 작품 1의 재료
- 겉감(마·민무늬) 30×30cm
- 배합 천(면·꽃무늬) 30×10cm
- 단추(지름 13mm) 1개
- 테이프 폭 9mm 길이 10cm
▶▶ 작품 2의 재료
- 겉감(마·민무늬) 45×35cm
- 레이스 폭 22mm 길이 35cm
• 〈마름질하기〉에는 시접이 포함되어 있지 않아요. 안의 치수만큼 시접을 두고 마름질하세요.

마름질하기
본체
작품 1
배합 천
겉감
배합 천을 달 자리
접음선
(겉감 1장)
접음선
고리(테이프)
(배합 천 1장)
입구
겹친다
26
7
0.2
2
7
3.5
4.5
25
1.5
1.5

작품 2
입구(아래쪽)
1.5
접음선
본체(겉감 1장)
접음선
레이스
겹친다. 2
38
10
10
레이스
입구(위쪽)
0.3
33

작품 1 만드는 방법
1 배합 천을 겹쳐서 박는다.
③ 지그재그 박기
배합 천(앞)
① 시접 선을 따라 접는다.
② 0.2 박는다.
겉감(앞)

2 입구를 박는다.
겉감(앞)
시접 선을 따라 접고 박는다.
1.5

3 양옆을 박는다.
① 박는다.
접음선
겉감(뒤)
② 양쪽에 지그재그 박기

완성
작품 1
② 단추를 단다.
①
바깥쪽으로 뒤집는다.
고리를 끼운다.
12
25

작품 2 만드는 방법
1 입구를 박는다.
② 시접 선을 따라 접는다.
④ 박는다.
레이스를 0.3 튀어 나오게 한다.
겉감(앞)
③ 1.5 박는다.
① 지그재그 박기

2 양옆을 박는다.
접음선
① 박는다.
② 지그재그 박기
(뒤)

완성
작품 2
바깥쪽으로 뒤집는다.
18
33

헤 어 슈 슈

여러 가지 천으로 자꾸만 만들어 보고 싶은 헤어 슈슈예요.
리본이나 수술을 달아서 화려하게 만들 수도 있어요.
머리카락을 묶을 때 편하게 사용할 수 있어요.

만든 이 : 니시무라 아키코

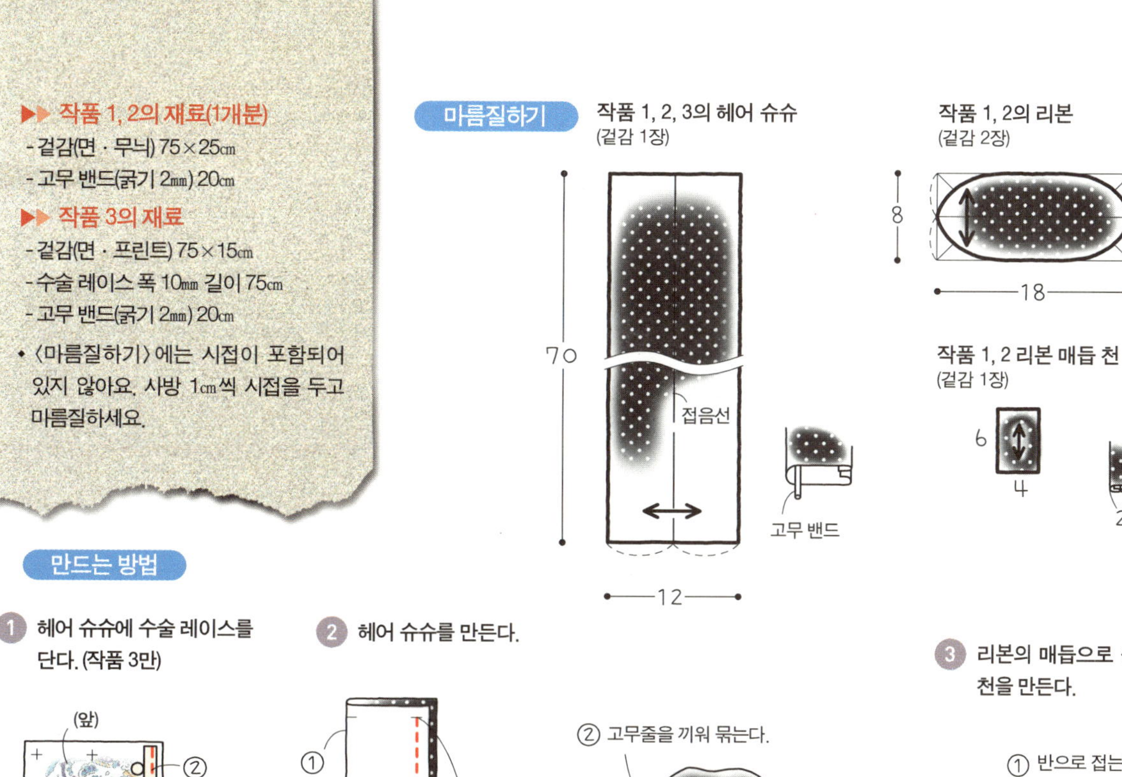

만드는 방법

1 헤어 슈슈에 수술 레이스를 단다. (작품 3만)

2 헤어 슈슈를 만든다.

3 리본의 매듭으로 쓸 천을 만든다.

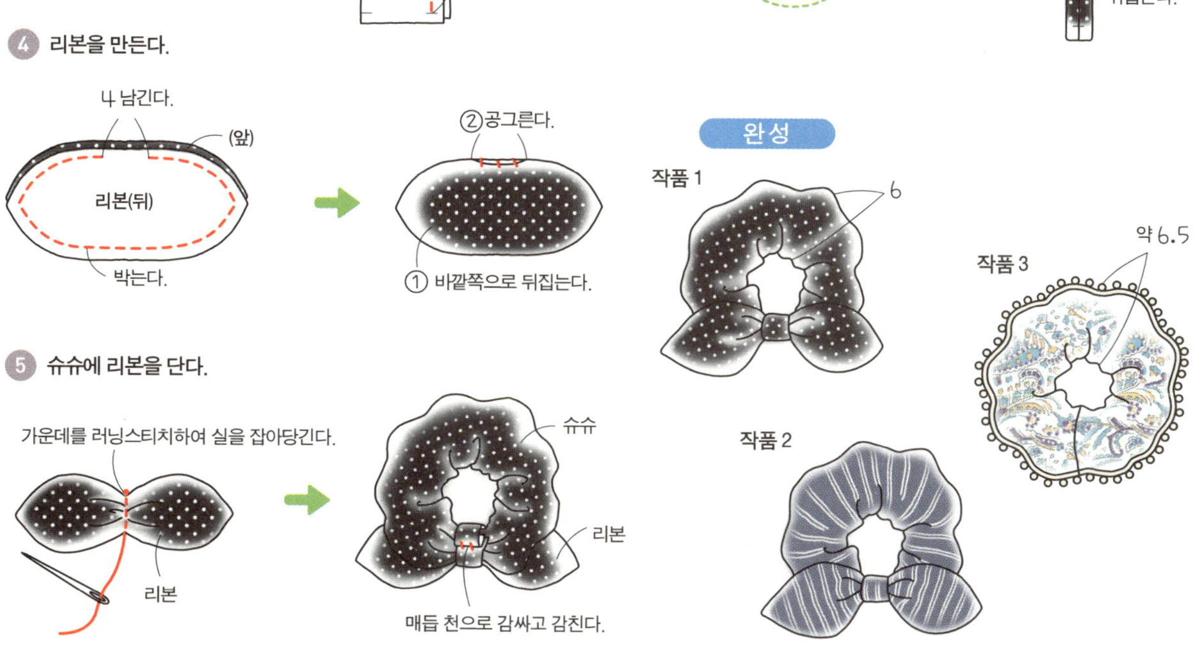

베이직 스카프
양 끝에 레이스를 단 베이직한 스카프예요.
편안하면서도 멋스러운 분위기를 연출할 수 있는 유용한 패션 아이템입니다.

만든 이 : 니시무라 아키코

▶▶ 재료
- 겉감(면 · 줄무늬) 35 × 150㎝
- 레이스 폭 20㎜ 길이 70㎝
• 〈마름질하기〉에서는 시접이 포함되어
  있지 않아요. 사방 1㎝씩 시접을 두고
  마름질하세요.

마름질하기

레이스
레이스
0.5
0.3
0.5
본체(겉감 1장)
33
0.3
0.3
0.3
148

만드는 방법

(뒤)
0.2
① 세 겹 접어 박기
② 레이스 겹쳐서 박기
1
접기
(뒤)
다림질
시접 선을 따라 접기
(뒤)
접은 금
0.1
다림질
접은 금에서 0.1
떨어지게 접기
(뒤)
0.3
박는다.

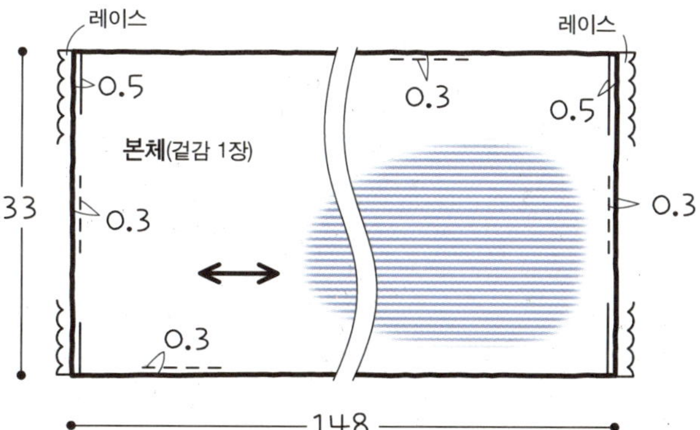

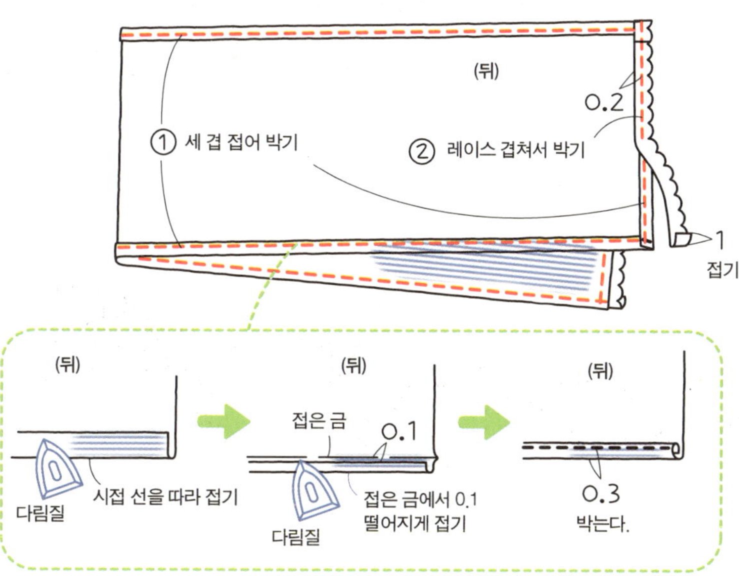

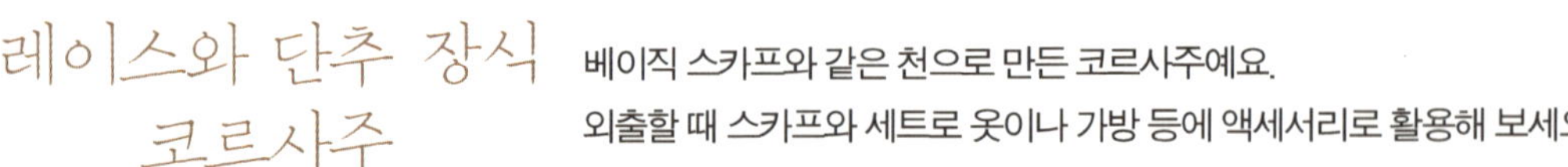

레이스와 단추 장식 코르사주
베이직 스카프와 같은 천으로 만든 코르사주예요.
외출할 때 스카프와 세트로 옷이나 가방 등에 액세서리로 활용해 보세요.

만든 이 : 니시무라 아키코

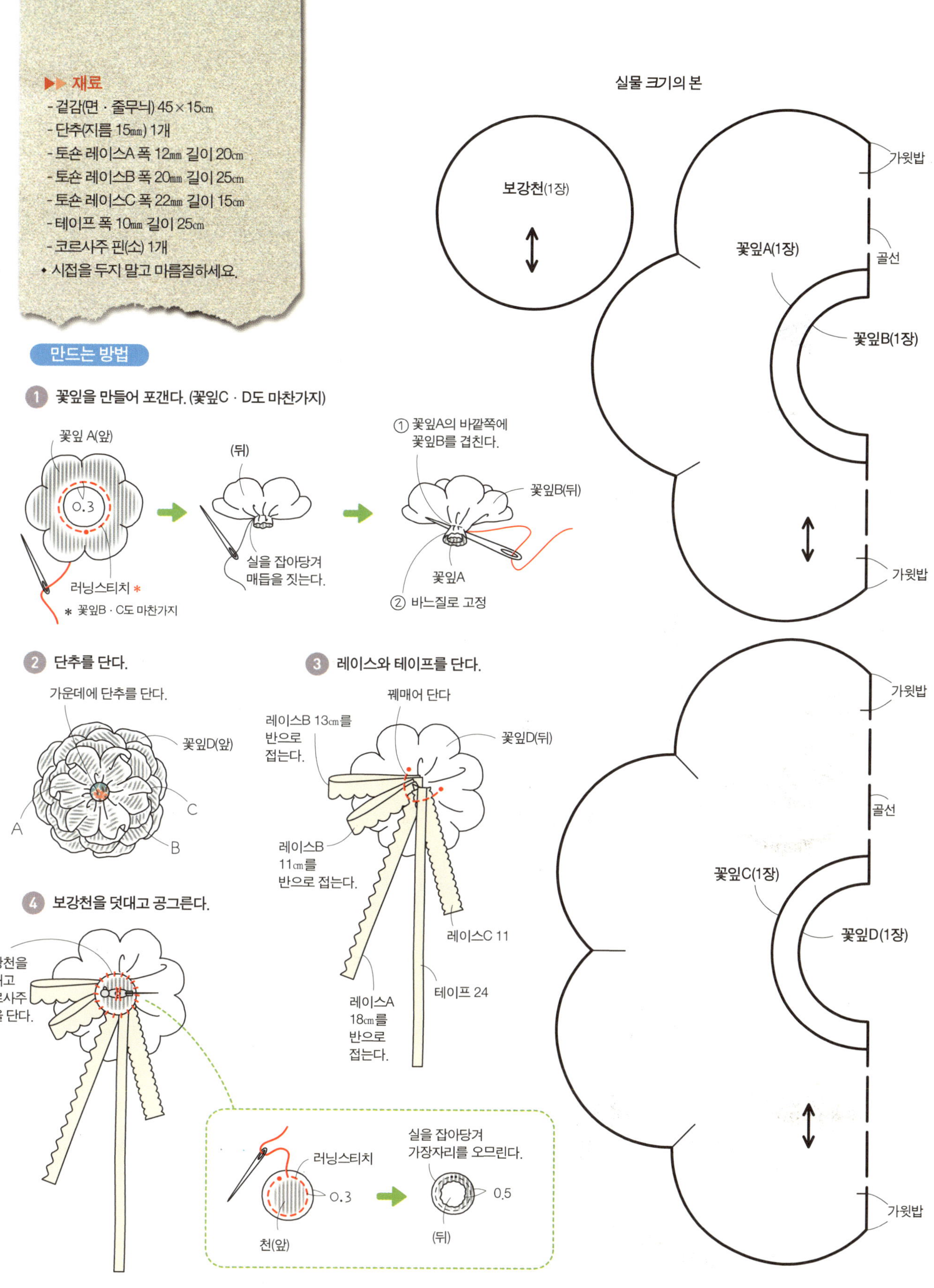

▶▶ 재료
- 겉감(면 · 줄무늬) 45×15㎝
- 단추(지름 15㎜) 1개
- 토숀 레이스A 폭 12㎜ 길이 20㎝
- 토숀 레이스B 폭 20㎜ 길이 25㎝
- 토숀 레이스C 폭 22㎜ 길이 15㎝
- 테이프 폭 10㎜ 길이 25㎝
- 코르사주 핀(소) 1개
◆ 시접을 두지 말고 마름질하세요.

만드는 방법

1 꽃잎을 만들어 포갠다. (꽃잎C · D도 마찬가지)

꽃잎 A(앞)
O.3
러닝스티치 *
* 꽃잎B · C도 마찬가지

(뒤)
실을 잡아당겨
매듭을 짓는다.

① 꽃잎A의 바깥쪽에
꽃잎B를 겹친다.
꽃잎B(뒤)
꽃잎A
② 바느질로 고정

2 단추를 단다.
가운데에 단추를 단다.
꽃잎D(앞)
A
B
C

3 레이스와 테이프를 단다.
꿰매어 단다
레이스B 13㎝를
반으로
접는다.
꽃잎D(뒤)
레이스B
11㎝를
반으로 접는다.
레이스C 11
테이프 24
레이스A
18㎝를
반으로
접는다.

4 보강천을 덧대고 공그른다.
보강천을
덧대고
코르사주
핀을 단다.

러닝스티치
O.3
천(앞)
실을 잡아당겨
가장자리를 오므린다.
0.5
(뒤)

실물 크기의 본
보강천(1장)
꽃잎A(1장)
가윗밥
골선
꽃잎B(1장)
꽃잎C(1장)
꽃잎D(1장)
가윗밥
골선
가윗밥

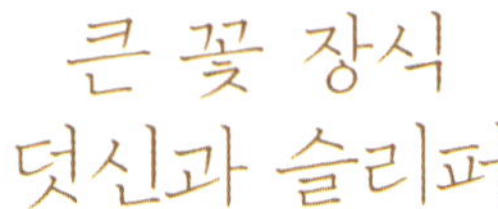

큰 꽃 장식 덧신과 슬리퍼

큰 꽃 장식을 단 덧신과 슬리퍼예요. 퀼트 솜을 넣고 두꺼운 펠트로 바닥을 대어
푹신하게 만들면 보기에도 좋고 신기에도 좋답니다.

만든 이 : 니시무라 아키코

만드는 방법

1 뒤꿈치 쪽 중심을 박는다.
(배합 천도 마찬가지)

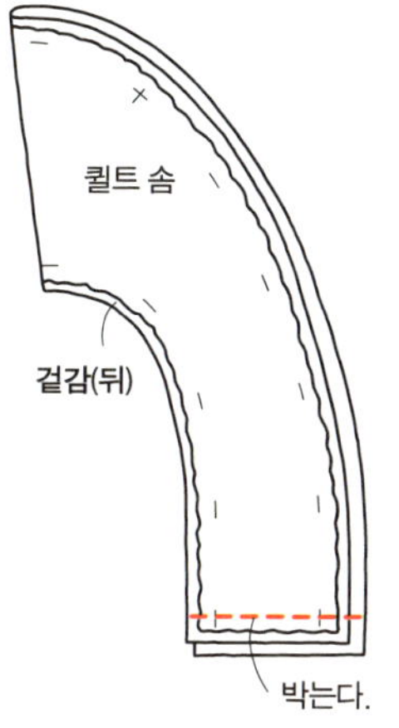

2 겉감의 측면과 배합 천의 측면을 봉합한다.

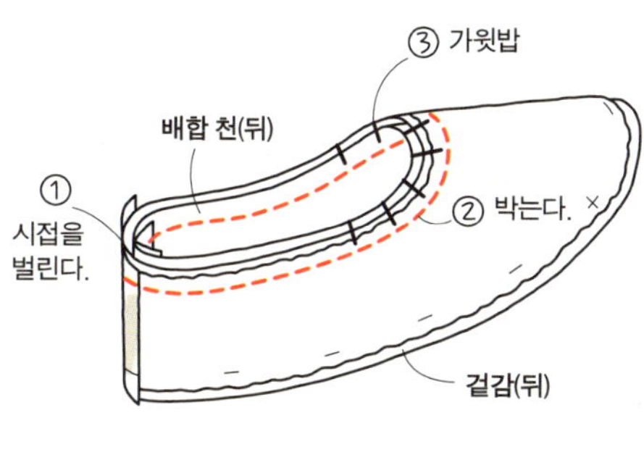

3 발끝 쪽을 촘촘하게 박는다.

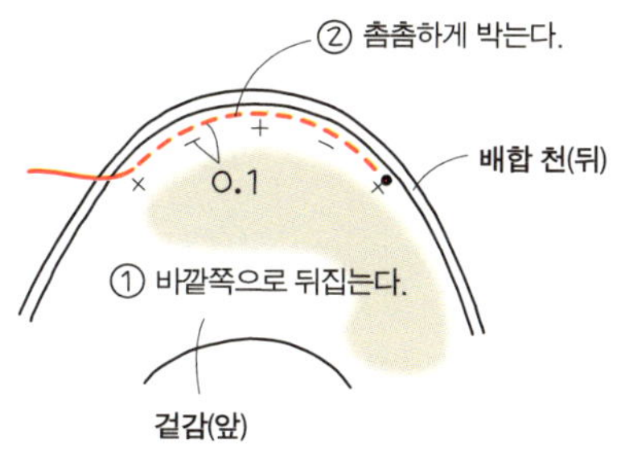

4 측면과 바닥을 봉합한다.

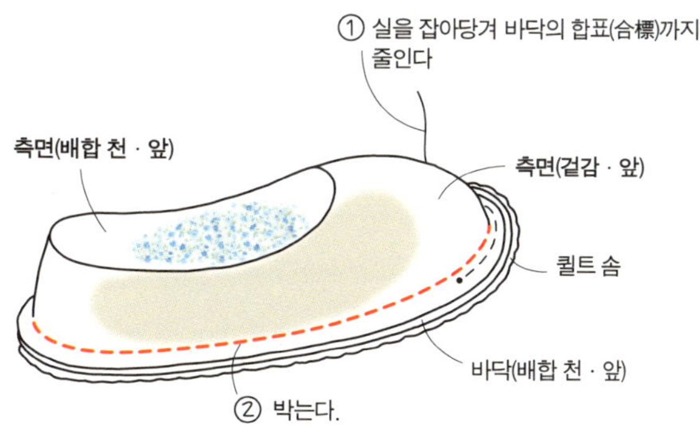

5 바닥을 마무리한다.

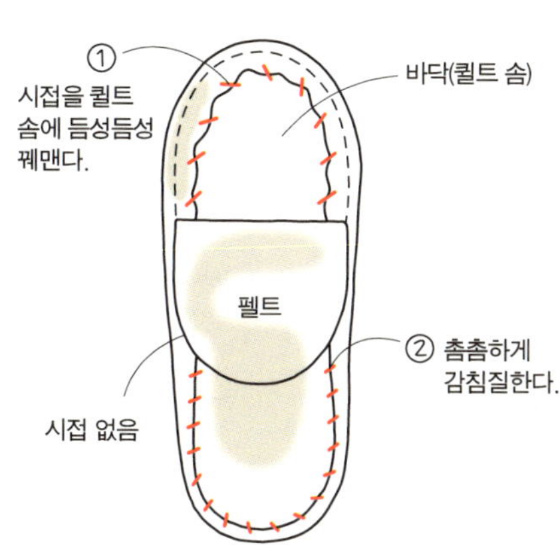

6 코르사주를 만든다.

◆ 꽃잎을 마름질하는 방법과 만드는 방법은 100쪽을 참조하세요.

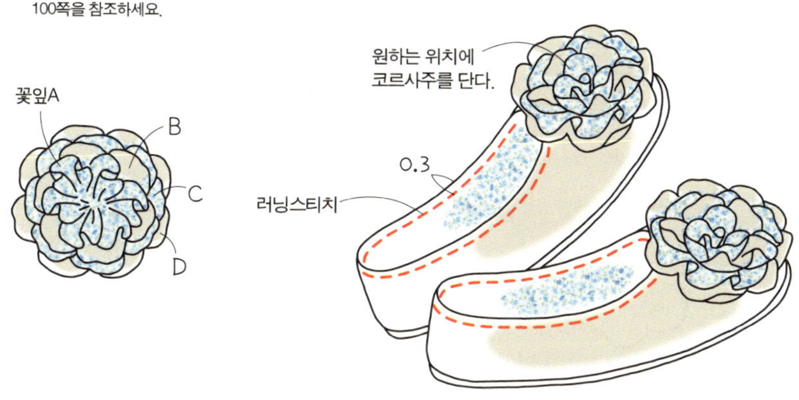

(치수는 24.5㎝ 까지)

- 겉감(마 · 민무늬) 70×45㎝
- 배합 천(면 · 꽃무늬) 90×45㎝
- 퀼트 솜 75×30㎝
- 펠트(두꺼운 것) 25×30㎝
• 본에는 시접이 포함되어 있지 않아요.
  코르사주와 펠트 외에는 사방 1㎝씩
  시접을 두고 마름질하세요.
• 슬리퍼의 실물 크기 본은 101쪽을 참
  조하세요.
• 코르사주의 실물 크기 본은 97쪽을 참
  조하세요.

만드는 방법

① 발등을 박는다.

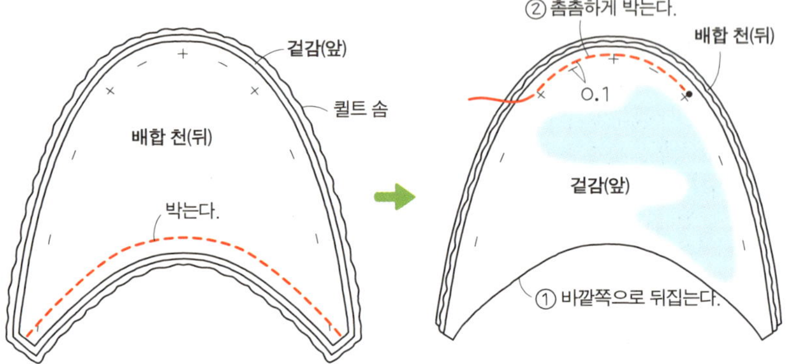

② 발등과 바닥을 봉합한다.

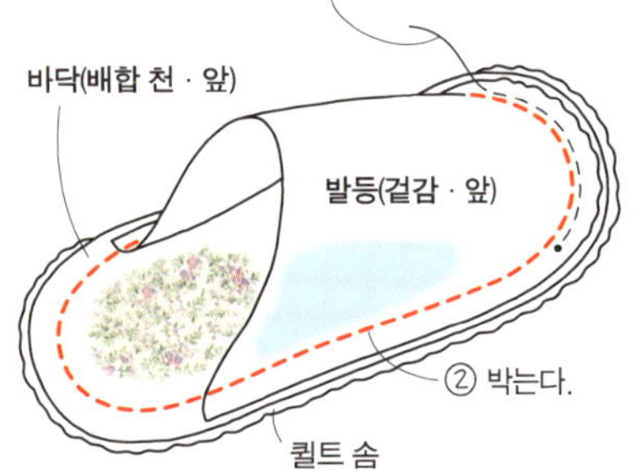

③ 바닥을 마무리한다.

완 성

꽃잎을 마름질하는 방법

코르사주 만드는 방법

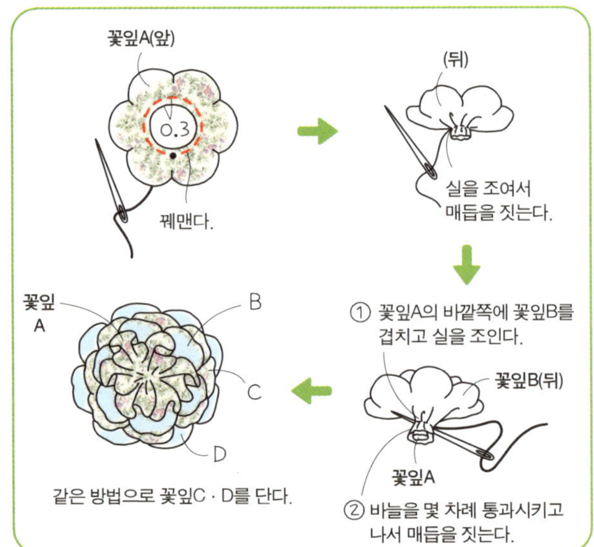

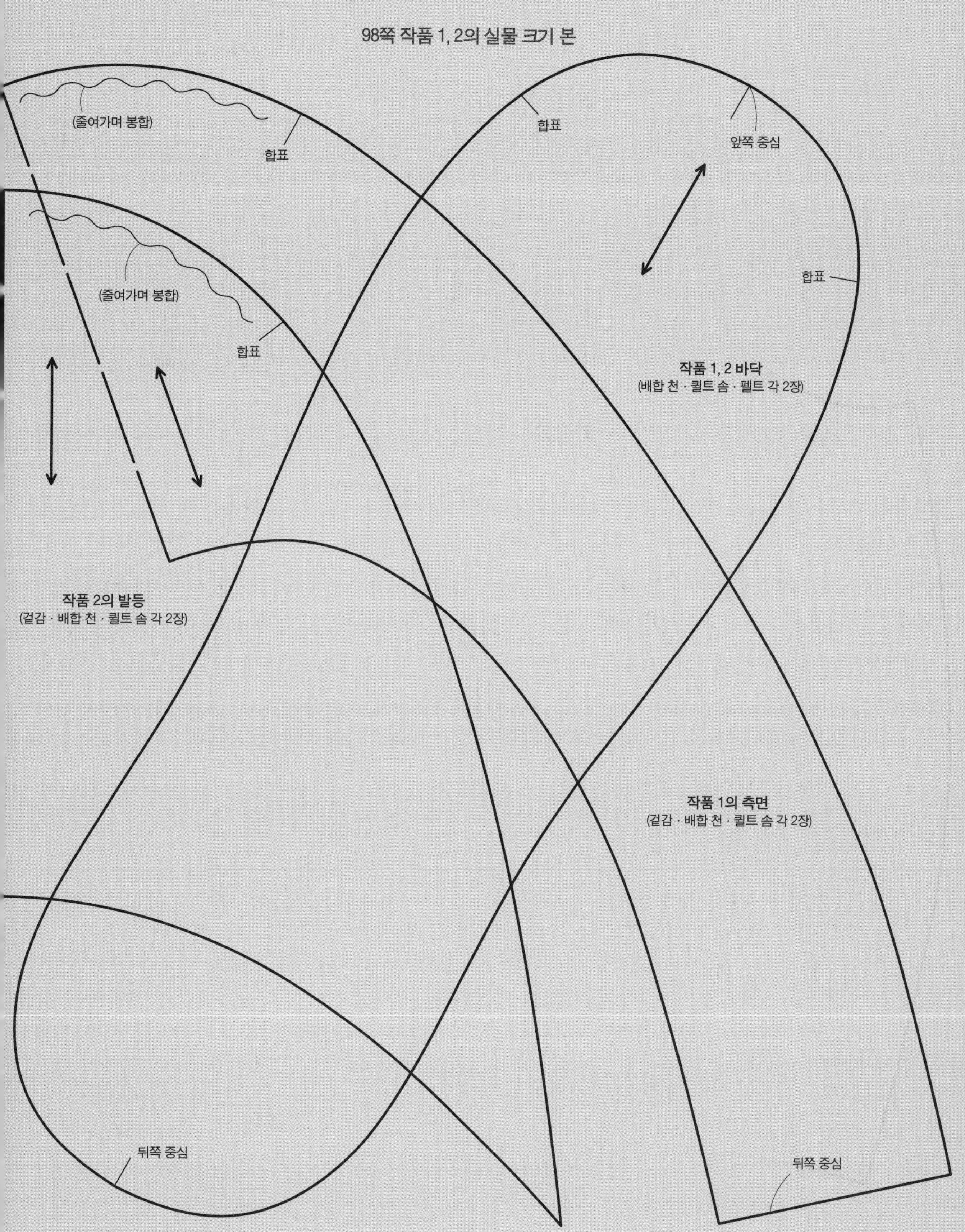

98쪽 작품 1, 2의 실물 크기 본
(줄여가며 봉합)
합표
(줄여가며 봉합)
합표
합표
앞쪽 중심
합표
작품 1, 2 바닥
(배합 천 · 퀼트 솜 · 펠트 각 2장)
작품 2의 발등
(겉감 · 배합 천 · 퀼트 솜 각 2장)
작품 1의 측면
(겉감 · 배합 천 · 퀼트 솜 각 2장)
뒤쪽 중심
뒤쪽 중심

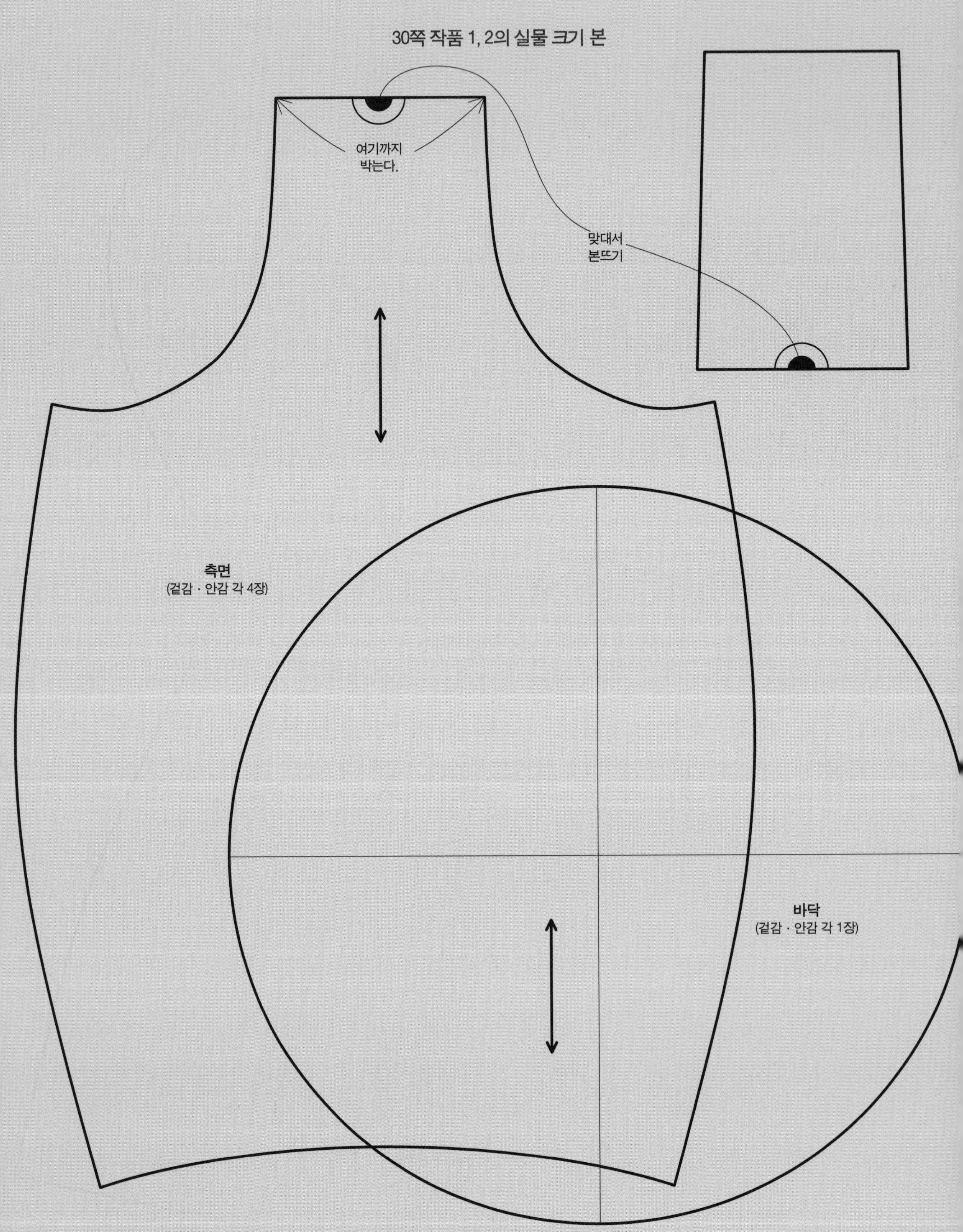
30쪽 작품 1, 2의 실물 크기 본
여기까지
박는다.
맞대서
본뜨기
측면
(겉감 · 안감 각 4장)
바닥
(겉감 · 안감 각 1장)

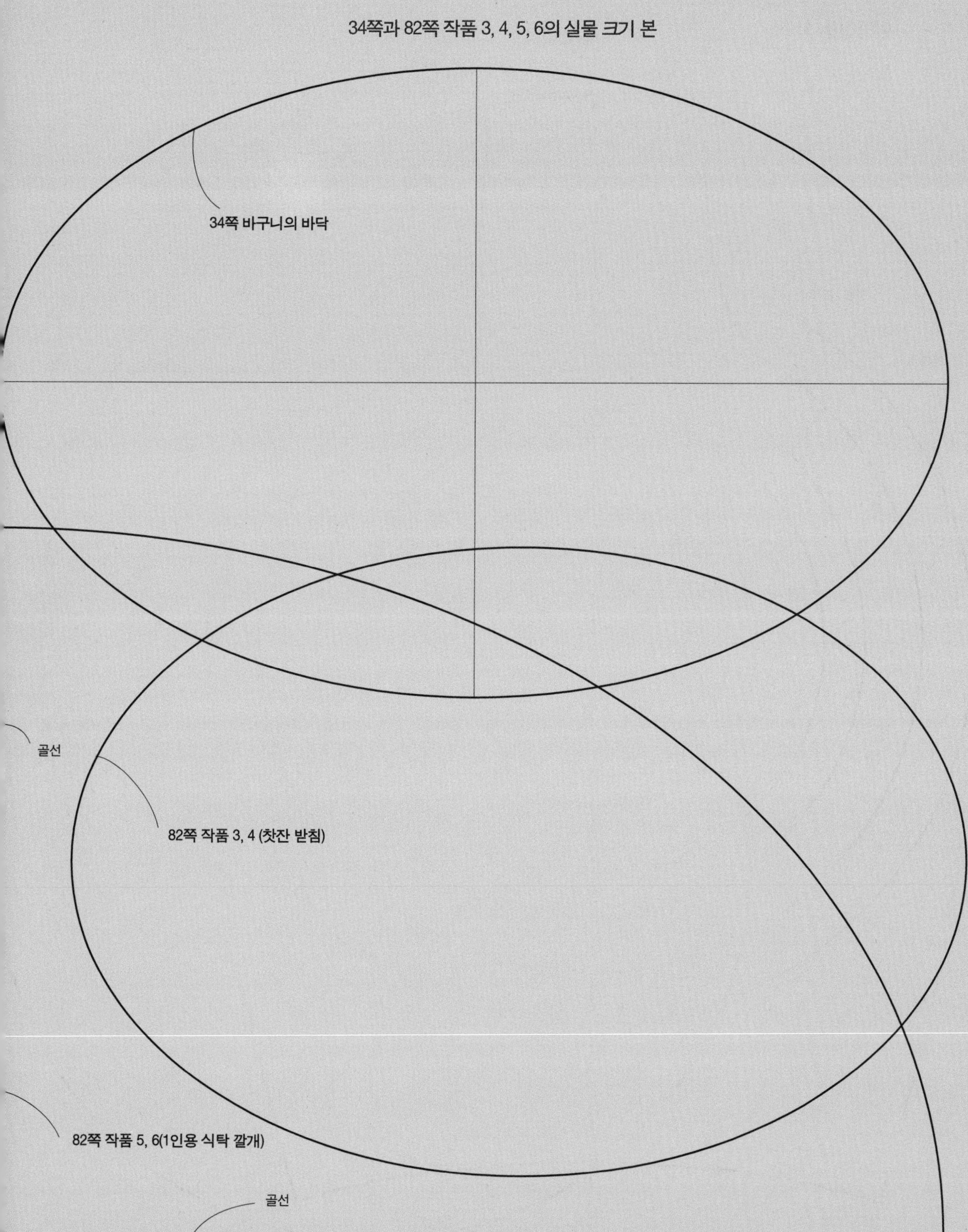
34쪽 바구니의 바닥
골선
82쪽 작품 3, 4 (찻잔 받침)
82쪽 작품 5, 6(1인용 식탁 깔개)
골선

원의 실물 크기 본

골선
지름 20㎝
지름 22㎝
지름 14㎝
지름 12.1㎝
지름 10㎝
지름 8.5㎝
중심
지름 5㎝
지름 6㎝

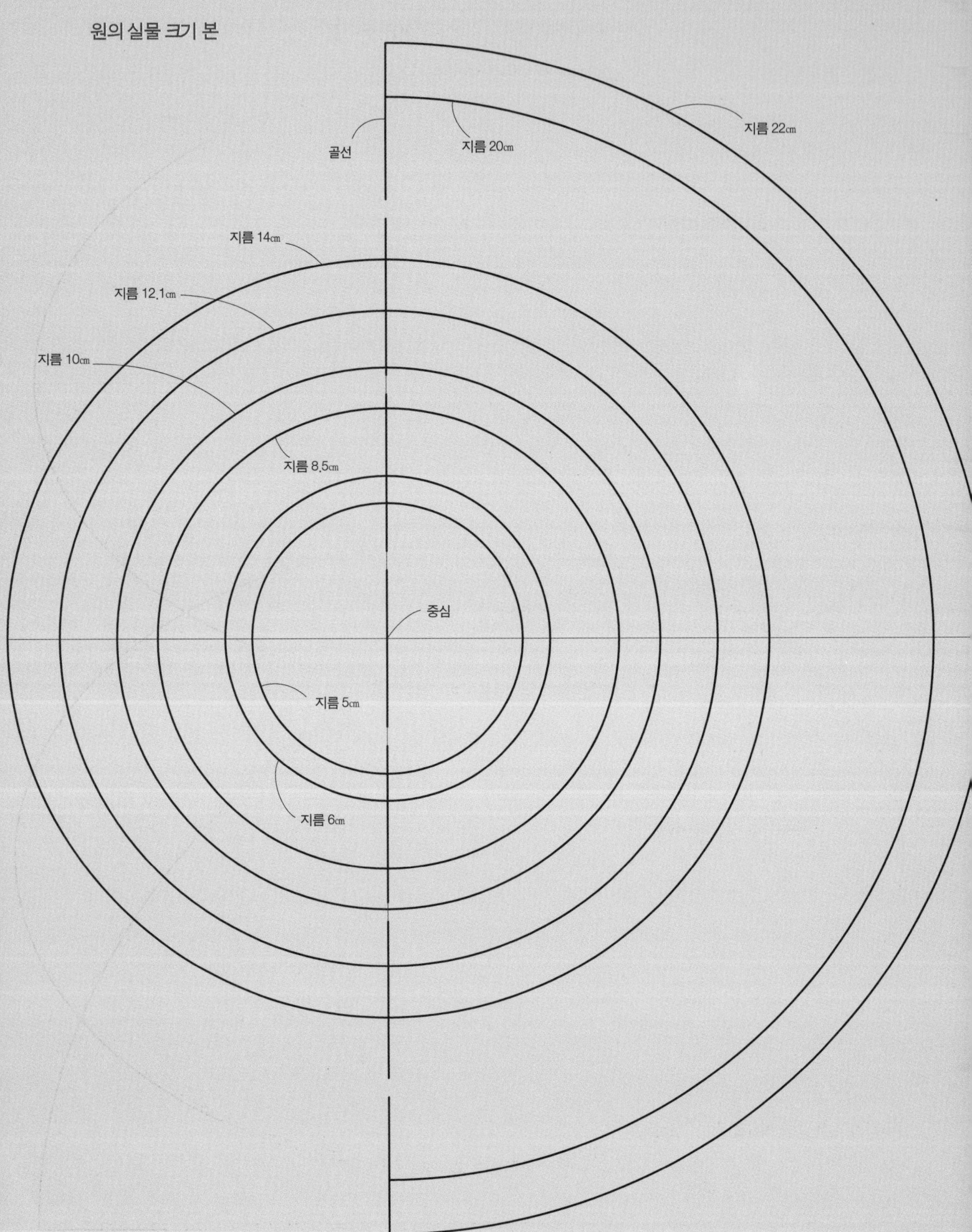